NOTICE HISTORIQUE

SUR

LA CHAPELLE

DE

NOTRE DAME DES DUNES

A DUNKERQUE.

Cette notice se vend au profit de la Chapelle de Notre Dame des Dunes, et par les soins de MM. les Administrateurs :

A Dunkerque, chez l'auteur, rue des Vieux-Quartiers, 21 ;

chez M. C. Drouillard, imp., rue des Pierres, 7 ;

chez M. Brasseur, lithographe et libraire, rue des Prêtres,

et chez les autres libraires.

PETITE CHAPELLE DE NOTRE DAME DES DUNES, A DUNKERQUE, EN 1853.

NOTICE HISTORIQUE

SUR

LA CHAPELLE

DE

NOTRE DAME DES DUNES

A DUNKERQUE,

PAR

M. RAYMOND DE BERTRAND,

Membre et l'un des fondateurs de la Société Dunkerquoise pour l'encouragement des sciences, des lettres et des arts; — membre et l'un des fondateurs du Comité Flamand de France, constitué à Dunkerque; — membre correspondant de la Commission Historique du département du Nord, et de plusieurs sociétés savantes.

DUNKERQUE.
IMPRIMERIE DE C. DROUILLARD,
rue des Pierres, 7.

1853.

A MARIE,

HOMMAGE DE RESPECT ET D'AMOUR.

L'Auteur.

PROLOGUE.

En écrivant l'histoire de Mardick et de la Flandre maritime, je ne fus guidé ni par l'amour-propre ni par l'intérêt. J'ai travaillé pour mon pays. Mon œuvre a été accueillie avec une sympathie qui a dépassé mon espérance. J'en ai reporté la cause à Dieu d'où émane tout bien.

Aujourd'hui j'ai écrit l'histoire de la Petite Chapelle de Notre Dame des Dunes à Dunkerque, et j'en veux faire la dédicace à la Vierge, comme témoignage de ma reconnaissance pour la faveur qu'elle a accordée à mes autres travaux ; la priant de jeter sur celui-ci un regard de cette bienveillance qui a valu à ses aînés tant de bonheur et de succès.

NOTICE HISTORIQUE

SUR

LA CHAPELLE

DE

NOTRE DAME DES DUNES

A DUNKERQUE.

I

S'il est doux pour une mère d'élever son enfant, de le voir essayer ses premiers pas, d'entendre bégayer ses premiers mots, de le voir grandir, un jour il est bien doux aussi pour elle d'en recevoir les plus tendres témoignages d'affection et de reconnaissance. Quand plus tard, devenu homme, s'avançant dans le sentier de la vie, des malheurs viennent l'assaillir et l'affliger, c'est vers sa mère qu'il se tourne pour recueillir des consolations. Jamais elle ne lui a failli : il est sûr d'en être compris et d'en avoir de ces délicieuses paroles que le cœur d'une mère sait toujours répandre comme un baume sur les blessures de son fils chéri. Mais il vient un jour où cette mère, qui l'a tant aimé, lui manque sur la terre! Alors dirigeant ses regards vers les lumières d'une religion qu'il lui est arrivé quelquefois d'oublier, il pense sérieusement à la vierge Marie, cette mère divine dont on l'a entretenu dès ses plus jeunes ans et qu'on lui a dépeinte comme étant la consolation des affligés, le trône de la divine sagesse, le secours des chrétiens, le refuge des malades. Il lui adresse une fervente prière en pensant à Dieu et à sa mère, et bientôt il se sent soulagé : le calme et le courage renaissent dans son âme avec la foi ardente et une reconnaissance sans borne.

En tous les temps et sur tous les points du globe où la religion du Christ a répandu ses bienfaits, des sanctuaires ont été consacrés à la mère de Dieu ; et, reportant nos pas, des confins du monde vers le point le plus rapproché, nous voyons son image exposée dans toutes les églises de notre Flandre maritime, et nous la trouvons vénérée sous des milliers de noms différents. A Dunkerque, c'est Notre Dame des Dunes, à la Petite Chapelle au pied des remparts, ou bien Notre Dame de Bon Secours, et Notre Dame de Bon Port à l'église de Saint-Jean-Baptiste. Plus loin, Notre Dame à Bourbourg; Notre Dame de Foi à Gravelines et à Bailleul; Notre Dame de la Visitation à Bollezeele (1), et Notre Dame des Neiges à Teteghem.

Déjà nous avons écrit une notice historique sur le pélerinage de Notre Dame des Neiges; nous allons retracer ici l'historique de Notre Dame des Dunes de Dunkerque.

---

(1) Voir les Sanctuaires de la Mère de Dieu, etc., par l'abbé Possoz. Lille, 1847.

II

A la fin du quatorzième siècle (1396) Robert, comte de Marle, était devenu le seigneur du « chastel » et de la ville de Dunkerque par la donation que lui en avait faite son aïeul Robert, duc de Bar.

La seigneurie de Dunkerque se trouvait dans les limites de la Flandre occidentale, dont Philippe-le-Hardi, duc de Bourgogne, était le souverain. La paroisse de la ville dépendait de l'évêché de Térouane.

Dunkerque était une ville domaniale ; elle avait deux maîtres dans des conditions et avec des droits différents. A Robert, seigneur foncier, appartenait la juridiction aux trois degrés, la perception des impôts et des accises (octroi), les fortifications élevées sur le territoire, etc. Au comte de Flandre, seigneur suzerain, appartenait foi et hommage, ou, en termes plus clairs, honneur et suprématie. Titre purement honorifique en apparence, il offrait cependant, en quelques cas rares, un avantage réel, un revenu positif (1).

Vers la fin de 1399, le bailli de Dunkerque, celui du seigneur foncier, crut devoir prévenir le comte de Marle de l'état de dégradation dans lequel se trouvaient les « murailles » d'enceinte de la ville, totalement détruites autrefois par les Anglais, au même temps que Gravelines, Mardick et autres villes avaient été saccagées (2).

La conservation de Dunkerque, la sûreté personnelle de ses habitants, et la garantie de leurs biens, étaient chose trop importante pour qu'elle fût négligée. Robert s'empressa d'ordonner les travaux de restauration signalés ; mais comme, dans ce monde, rien ne se fait sans argent, le seigneur foncier de la commune se vit contraint, l'année suivante, de délivrer des lettres-patentes permettant à son bailli la levée de certains droits sur les produits de la pêche et de certaines marchandises, afin de faire face aux dépenses. Soumises au comte Philippe, celui-ci envoya à Dunkerque messire Tiertolet de la Barre, son conseiller, messire Lamelot de Licquel, son capitaine, chevalier et bailli de Nieuport, et Robert de Capples,

---

(1) M. Victor Derode. Histoire de Dunkerque. 1852, p. 344.
(2) Voir mon Histoire de Mardick et de la Flandre Maritime. Dunkerque, 1852, à l'année 1383, p. 185 et suiv.

son bailli de Bruges, pour examiner les fortifications, dresser les plans et arrêter les devis (1).

Les commissaires délégués trouvèrent les choses dans l'état où on les avait annoncées et conclurent, en fin de leur rapport, que les travaux devenant indispensables, il y avait lieu d'y pourvoir par des voies extraordinaires par la raison que les habitants ne » pourroient aucunement supporter ni les ouvrages à ce nécessaires parfaire, ni les assouvir de leurs biens et facultés. »

La charte de confirmation ne se fit pas attendre, et le duc de Bourgogne, se trouvant alors à Paris, y signa le 17 juin 1403, un mandement d'approbation des lettres-patentes de son frère le duc de Bar.

Au mois d'août suivant, on avait mis la main à l'œuvre (2) ; et, dès ce moment, les travaux marchèrent avec célérité.

De cette époque date la haine des gens de la Flandre flamingante, et en particulier des bourgeois de Dunkerque, contre les insulaires de la Grande-Bretagne ; haine qui se montra aussi énergique qu'implacable dans d'innombrables combats que

---

(1) Faulconnier. Histoire de Dunkerque. Bruges, 1730, volume 1er, p. 27.

(2) Histoire de Dunkerque par Faulconnier, citée, tome 1er, p. 29.

es braves flamands de Dunkerque livrèrent sur mer aux Anglais pendant plus de quatre siècles (1) et dont ils sortirent presque toujours vainqueurs.

Trois ans après les fortifications de la ville étaient réparées (2).

---

(1) Jusqu'à la paix de 1815.
(2) Histoire de Dunkerque et volume 1er cités, p. 50.

III

Pendant l'exécution de ces travaux (1405-1406), on découvrit au nord-est de la ville, une source d'une eau très saine et très douce. On utilisa cette précieuse découverte en élevant à cet endroit une fontaine qui fournit de l'eau en abondance aux habitants du voisinage (1); et, par un heureux effet de la volonté divine, qui s'était déjà manifestée en accordant cette faveur, on trouva à très peu de distance et près des dunes en creusant la terre pour fonder les ouvrages de maçonnerie, une statuette de la Vierge qui fut religieusement recueillie (2) par le bailli Justin Aveskerque auquel le seigneur suzerain de la ville avait confié la direction des travaux (3). Le peuple y vit une manifestation de la providence et témoigna vivement le désir qu'en ce lieu un oratoire s'élevât

---

(1) Amand Dasenbergh. Notice sur la Petite-Chapelle, insérée en sept colonnes du feuilleton du journal la Dunkerquoise, édité par M. C. Drouillard, n° 3250, du 9 avril 1844.
(2) Notice citée sur la Petite-Chapelle.
(3) Histoire citée de Faulconnier, p. 29 du vol. 1er.

à la gloire de la Sainte Mère du Christ. A cette époque la foi religieuse avait encore en Flandre conservé toute sa sève et la ferveur des beaux jours du Christianisme ; il suffisait d'exprimer un vœu, pour voir les citoyens s'unir entre eux dans les mêmes voies et marcher vers un même but. L'objet était moral et pieux, et les Dunkerquois, fidèles aux bonnes traditions de leurs aïeux, s'empressèrent d'élever une chapelle au-dessus même de la source, en conservant la fontaine qui se trouva extérieurement adossée à l'un des pignons du monument (1).

C'était une bonne inspiration que d'offrir aux fidèles ce qui convenait à la fois au corps et à l'âme. Le peuple fut entraîné vers le petit oratoire ; et la statuette de la vierge, trouvée naguère enfouie dans le sable et récemment inaugurée dans une touchante cérémonie, ne tarda pas à recevoir les hommages et les offrandes des pieux visiteurs. On cita de nombreux miracles qui mirent la divine madone en haute vénération (2). Sa renommée s'étendit rapidement au loin, et la juste confiance qu'elle sut inspirer aux chrétiens, n'eut bientôt plus de borne. L'oratoire n'offrait qu'un inconvénient : c'était son peu d'étendue. La plupart des fidèles se trouvaient de la sorte

---

(1) Notice citée sur la Petite-Chapelle.
(2) Description de la France.

exposés, à défaut d'abri, aux injures de l'air et à l'intempérie des saisons (1).

De jour en jour la foule se montrait plus empressée au sanctuaire de Notre Dame des Dunes. Le nautonnier y demandait, au départ, une heureuse navigation, puis en rendait grace au retour. Les familles y priaient pour un père, un époux, un fils, exposés à la fureur des vents et des flots (2), ou frappés d'infirmités et de maladies jugées incurables. Les hommes étaient dans la bonne voie: foi et piété marchaient de front sans examen comme sans critique.

Il en fut ainsi de génération en génération et l'on arriva assez paisiblement à l'année 1562, malgré les funestes maximes de Luther qui, dans les derniers temps, s'étaient introduites en Flandre. Alors l'église de Dunkerque, ainsi que la chapelle des Dunes qui n'en était qu'une dépendance, fut comprise dans le diocèse d'Ypres où l'on venait d'inaugurer son premier évêque Martin Rithove.

Au siècle suivant, la vogue de Notre Dame des Dunes, devint plus grande que jamais. Voici comment.

Un vieux militaire était dépositaire d'une statue de la Vierge qui, pendant plus de six cents ans, avait

---

(1) Projet de mémoire d'avril 1816, déposé aux archives de la mairie de Dunkerque.
(2) Notice sur la Petite-Chapelle citée.

opéré des miracles en Ecosse. A l'article de la mort, il la donna à son confesseur qui la fit passer à sa pieuse souveraine Isabelle, infante d'Espagne, gouvernante des Pays-Bas.

En 1625, Isabelle se trouvait à Dunkerque. Pendant son séjour qui dura plusieurs mois, l'inspiration lui vint, à l'occasion du précieux don qu'elle avait reçu, de fonder une confrérie en l'honneur de la vierge de Bon-Succès. L'institution, aussitôt réalisée que conçue, fut créée par la comtesse à Dunkerque le 12 octobre de cette année; elle ordonna en même temps de construire immédiatement à Bruxelles un oratoire à la madone écossaise. C'est du jour de cette sainte institution que l'on donna en Flandre un si grand élan au culte de la vierge Marie (1) et qu'à Dunkerque la vénération de Notre Dame des Dunes prit une extension inconnue jusque-là.

Pendant le siège de Dunkerque en 1658 par Turenne qui commandait l'armée anglo-française, on remarquait, parmi les Espagnols renfermés dans la place, le maréchal d'Hocquincourt. Charles de Monchy, marquis d'Hocquincourt, disent ses biographes, s'était signalé par sa valeur et ses actions d'éclat dans plusieurs siéges et combats. Il avait commandé l'aîle droite de l'armée française à la bataille de Réthel le 15 dé-

---

(1) Communication de M. Carlier aîné, de Dunkerque, homme de lettres à Paris.

cembre 1650, et avait été créé maréchal de France 5 janvier 1651. Depuis lors il n'avait pas cessé de se distinguer à la tête des troupes françaises ; mais sur quelques mécontentements qu'il prétendait avoir reçus de la cour, il s'était jeté dans le parti des ennemis où le retenait encore sa mauvaise étoile en 1658.

Le 12 juin, le maréchal d'Hocquincourt sortit de la place pour reconnaître les lignes françaises avec cent cinquante volontaires espagnols. Il obtint d'abord quelques avantages, mais la chance l'abandonna bientôt. Molondin, bon officier, mestre de camp du régiment des gardes suisses au service de la France, proposa au comte de Soissons, son colonel général, de faire sortir vingt Suisses et de les mettre derrière une dune qui flanquait le chemin par où venaient les ennemis. Le comte y consentit et un moment après ces Suisses, ayant fait une décharge, le maréchal d'Hocquincourt reçut un coup de mousquet dans le ventre. Les Espagnols battirent alors en retraite, emportant leur général ; mais pressés de toutes parts, ils se virent forcés de le déposer, en passant, dans la petite chapelle (1) de Notre Dame des Dunes. Turenne vint l'y trouver (2) et recueillit ses dernières paroles.

---

(1) Les mémoires de messire Roger de Rabutin comte de Bussy, tome 2, Paris, 1696, p. 137 et 138.
(2) Faulconnier. Histoire de Dunkerque, citée, tome 2. p. 24. L'auteur y fait erreur en indiquant la date de juillet au lieu de celle de juin.

D'Hocquincourt n'existait plus une heure après sa blessure.

La Petite Chapelle acquit une certaine célébrité de ce triste événement; et quand, après la reddition de Dunkerque (24 juin), il fut permis de sortir de la ville, les pieux habitants allèrent prier en foule à l'oratoire de Notre Dame.

Les choses restèrent dans cette voie de prospérité jusque vers l'année 1665 (1) pendant laquelle furent entreprises les formidables fortifications de Dunkerque, dont Louis XIV avait confié la direction au colonel Vauban, qui y fit ses preuves en dotant la France du premier chef-d'œuvre de son génie (2).

La Petite Chapelle, alors séparée des dunes par un rempart extérieur, se trouva enclavée, en 1666, dans une demi-lune, au milieu d'un fossé de fortification, et l'on n'y eut d'accès que par une poterne rarement ouverte au public (3). Dès cette époque, le divin oratoire perdit son premier nom et reçut celui de Notre Dame de la Fontaine. La vogue immense, dont il avait joui de longues années, décrut pour ainsi dire tout-

---

(1) Histoire de Dunkerque de Faulconnier et volume cités. p. 72.
(2) Allent. Histoire du corps du génie, p. 58 et 59. — Et Histoire de Vauban. Lille, 1844, p. 58.
(3) Notice citée sur la Petite Chapelle.

— 22 —

à-coup d'une manière déplorable. Cependant on vit de temps en temps des fidèles qui venaient s'agenouiller sur la terre et adresser de loin leurs vœux à la Vierge en tournant leurs regards dans la direction du sanctuaire qu'ils ne voyaient plus (1).

Les choses se passèrent ainsi durant près de trente-cinq ans ; alors le nombre des visiteurs s'accrut à tel point qu'en 1707, le clergé crut devoir écrire pour les fidèles, sous ce titre, une « prière pour réclamer dans la nécessité l'intercession de la Très-Sainte Vierge Marie, dont on célèbre la fête le 8 septembre, dans la chapelle de Notre Dame des Dunes à Dunkerque. » Le manuscrit fut soumis à une commission de censure et l'autorisation de faire imprimer la prière fut délivrée à Anvers le 4 novembre de cette année. On en tira ensuite à Gand des milliers d'exemplaires qu'on distribua à Dunkerque.

---

(1) Projet de mémoire des administrateurs de la Petite Chapelle, d'avril 1816, déposé aux archives de la mairie de Dunkerque.

IV

En septembre 1713, un événement malheureux en lui-même, puisqu'il s'agissait de raser les fortifications de Dunkerque en vertu des conditions du traité d'Utrecht, vint donner aux fidèles l'espérance d'avoir prochainement le libre accès du pieux monument. A la fin de cette année et dans le cours de l'année suivante, on travailla sans relâche à la démolition des forts et des remparts de la place. Déjà la grille de la poterne restait nuit et jour ouverte et l'on eut la pensée d'y célébrer la fête de la Nativité de la Vierge. Effectivement le 8 septembre 1714, une messe solennelle fut chantée en musique avec Te Deum dans la Petite Chapelle (1).

Les abords de la chapelle n'allaient pas tarder à devenir tout-à-fait libres; mais malheureusement la

---

(1) Notice citée sur la Petite Chapelle par M. Amand Dasenbergh.

dégradation et l'exiguité du monument nécessitaient des travaux d'urgence et de considérables additions. D'un autre côté l'état des finances de l'échevinage était obéré à tel point qu'il eût fallu se résoudre à laisser tomber la chapelle complètement en ruine si un généreux citoyen, Louis Chomel, le premier des échevins de la ville, n'était venu offrir ses propres deniers pour l'exécution des travaux, à la seule condition de rentrer dans ses fonds à mesure des recettes qui seraient effectuées à la chapelle (1).

A la suite de cet engagement, le bourgmaître et les échevins de la ville et du territoire de Dunkerque firent annoncer le 10 octobre qu'il serait procédé le lendemain en leur présence à l'adjudication de l'entreprise « de la construction de nouveaux ouvrages à faire d'augmentation à la chapelle de Notre Dame de la Fontaine hors de la ville. » Il y avait lieu de construire « un couvert de pavillon joignant le devant de la chapelle et une sacristie à côté avec de petits accommodements (2). »

Les travaux commencés deux jours après par six entrepreneurs, furent livrés au magistrat, conformé-

---

(1) Notice citée sur la Petite Chapelle.

(2) Modèle de placard et devis des conditions de l'entreprise, feuilles en papier petit in-folio, déposées aux archives de la Petite Chapelle.

ment aux conditions du marché, le 15 novembre suivant.

Ce fut quelque chose d'inouï que l'ardeur et la célérité avec lesquelles travaillèrent tous les ouvriers. Ils voulaient récupérer, par leur zèle, le peu de temps que leur laissaient la brièveté des jours de cette époque de l'année, et la défense de travailler les dimanches et les fêtes de la Toussaint et des Trépassés, que l'on consacrait uniquement à ses devoirs de religion.

Les administrateurs du divin sanctuaire n'avaient pas attendu ce jour pour réclamer la protection de Monseigneur l'évêque d'Ypres, en faveur de l'oratoire de la sainte mère du Sauveur. Le 17 du même mois, les vicaires-généraux de l'évêché leur firent réponse par la lettre suivante qui répandit la joie et le bonheur parmi les marins et les pieux habitants de Dunkerque. « Comme nous sommes entièrement portés à seconder les vœux et la dévotion singulière de vos bourgeois vers la Très-Sainte Vierge, nous accordons volontiers qu'on célèbre la messe dans la chapelle de la Fontaine qui lui est dédiée. Nous trouvons cependant qu'il faut en user avec discernement pour les fêtes, dimanches et féries. C'est une grande commodité pour le public et même une raison pour l'augmentation de sa piété, les jours ouvriers, mais pour les autres, comme on est obligé de se rendre aux devoirs de la paroisse, nous ne saurions également l'approuver. Nous avons l'honneur, etc. (1) »

En peu de temps la vogue de Notre Dame de la Fontaine devint très grande. Les ressources de l'oratoire grandirent progressivement, à tel point qu'en janvier 1721, Chomel, qui en était le directeur, fut presque indemnisé de ses avances; il ne lui restait dû que 1101 livres 15 sous, d'après le compte arrêté le 5 mars suivant par le bailli, le bourgmaître et les échevins de la ville. En moins de deux ans, il était rentré dans ce reliquat de créance. Les ressources de la chapelle consistaient dans le produit des quêtes, des offrandes, des messes, de la vente d'imprimés d'indulgences et de prières, des aumônes déposées dans les troncs, etc. Il y avait quelquefois des recettes imprévues : ainsi en octobre 1733, un anonyme donna une somme de 100 livres pour la décoration et l'embellissement de la chapelle, et en octobre 1735, Chomel reçut une somme de 300 livres qu'un M. De Retar avait léguée au profit du monument, afin qu'il fût dit un certain nombre de messes pour le repos de son âme (2).

Le sanctuaire de la Vierge renfermait ce qu'on

---

(1) Pièce originale déposée aux archives de la Petite Chapelle.
(2) Compte d'administration, registre petit in-folio couvert en parchemin, déposé aux archives de la Petite Chapelle.

nommait alors l'ancienne chapelle. La sacristie se trouvait vers l'extrémité méridionale et était éclairée par deux croisées. Les vîtres de ces fenêtres comme celles de la chapelle, étaient d'un beau verre clair de France. Des verges de fer les maintenaient entre elles. La chapelle avait une cour et un long angar où l'on déposait notamment les bancs du catéchisme. Le devant de l'oratoire était pavé en grès. La tourelle, contenant plusieurs cloches, était surmontée d'une croix en fer. La couverture des bâtiments était en ardoises d'Angleterre. L'église était pavée en carreaux rouges de Hollande, qui, en 1724, furent remplacés par des carreaux de pierres de Saint-Omer. Elle était voûtée ; une peinture en grisaille à l'huile, couvrait les murs intérieurs ; un rayon doré existait à la voûte, embellissement dont la réparation avait coûté 60 livres en 1732. L'autel était marbré et doré ; ce qui, dans la même année, avait occasioné une dépense de 300 livres (1).

A la fin de 1736 on pava la chapelle et le marche-pied de l'autel en carreaux de marbre que l'on fit venir de St-Omer et qui furent payés au moyen des produits de l'oratoire et des dons d'argent que firent à cet

---

(1) Devis des conditions de reconstruction en 1714, cité, et registre des recettes et des dépenses commençant en 1721, à couverture de parchemin, déposés aux archives de la Chapelle.

— 28 —

effet plusieurs individus au commencement de cette année (1).

---

(1) Registre petit in-f° des recettes et dépenses commençant en janvier 1756, déposé aux archives de la Chapelle.

V

La vogue de la Petite Chapelle se maintenait toujours ; et bientôt les messes commandées montèrent à un nombre si élevé que le desservant ne pouvait y suffire. On reçut le prix de 558 messes en 1727 — de 644 messes en 1731 — de 939 messes en 1733 — de 950 messes en 1735 (1). — En 1740 on ne commanda que 721 messes ; mais en compensation de cette diminution, Gramon, doyen de la chrétienté et pasteur de Dunkerque, donna à la chapelle une somme de 300 livres pour faire un devant d'autel (2). Il arrivait de là que le directeur faisait dire l'immense excédant des messes dans d'autres églises à la décharge de Notre Dame de la Fontaine. Parmi les ecclésiastiques chargés de cette mission, on voit figurer les Récollets, les Minimes, les Dominicains, les Carmes, les Capucins, le pasteur et les vicaires de

---

(1) Registre cité couvert en parchemin.
(2) Registre in-folio cartonné, mois de juin.

l'église de Saint-Eloi ; les aumôniers des régiments, de la marine, des Bénédictines, des Dames Anglaises, des Pénitentes et des Sœurs Noires (1). Outre ces établissements, Dunkerque possédait le collége des Jésuites, le couvent des Conceptionnistes ou Sœurs Blanches, celui des Clarisses ou Pauvres Anglaises et l'hospice de Saint-Julien.

On faisait dire même des messes au-dehors ; et parmi les prêtres qui en furent chargés, on rencontre les noms du curé de Zuydcoote, de l'aumônier du fort Français entre Dunkerque et Bergues, des Récollets de Gravelines, du vicaire de Wylder, du chapelain de Ghyvelde, etc. (2)

Indépendamment des messes basses, on disait à la Petite Chapelle des messes chantées dans toutes sortes de circonstances. Ainsi en juin 1731 et en mai 1740, on y chanta des messes solennelles afin d'implorer le secours du Seigneur pour avoir de la pluie nécessaire au bien de la terre. On y tenait aussi le catéchisme des enfants du quartier (3), et chaque année ils y faisaient leur première communion (4). Instituée par un sentiment de louable piété, la chapelle de Notre Dame de

---

(1) Mêmes registres.
(2) Mêmes registres.
(3) Mêmes registres, compte de décembre 1733, f° 47 et autre de mai 1739.
(4) Registre cité, compte de février 1739.

la Fontaine servait utilement à tous les fidèles, sans opposition comme sans désapprobation. On n'avait véritablement en vue qu'une chose : la religion. C'était un bienfait autant qu'un bonheur. A la vue de ce spectacle de cordiale entente, d'union parfaite entre toutes les classes, il nous semble voir le fils de Marie, conduire les hommes par la main vers le sanctuaire où cette tendre mère prend plaisir à prodiguer ses bontés infinies, ses grâces divines.

On se tromperait étrangement si l'on croyait que le scepticisme du siècle fût si général qu'il ne laissât jamais à quelques cœurs généreux l'idée d'exercer la charité. Manquait-il un objet indispensable au culte, ou un objet était-il endommagé ou hors de service, aussitôt des personnes pieuses adressaient leurs dons à l'administration de la chapelle. Aussi n'est-il pas rare de trouver dans les comptes du directeur, des annotations comme celles-ci :

Septembre, 1724. Reçu de la sœur Théodosia, religieuse des Pénitentes, 10 livres qu'un particulier de cette ville lui a remises pour donner à la chapelle.

Avril 1724. Reçu d'un particulier de cette ville, 17 livres léguées par testament de sa femme au profit de la chapelle.

Idem d'un autre particulier, 6 livres pour aider à faire un calice ; la précédente somme de 17 livres ayant été donnée à cette même intention.

Octobre 1730. Reçu 5 livres d'un matelot pour un vœu qu'il avait fait à la chapelle.

Mai 1732. Reçu de M. Thybaut, maître de musique, 12 livres qu'un particulier lui a remises pour aider à l'embellissement de l'autel de la chapelle.

Janvier 1736. Reçu 30 livres qu'une femme a données afin de contribuer à faire une chasuble pour la chapelle.

Juillet 1737. Reçu 6 livres qu'un soldat a données pour l'entretien de la chapelle.

Septembre 1738. Reçu d'un particulier 48 livres, de laquelle somme il a fait don pour les besoins urgents de la chapelle.

Août 1739. Reçu d'une paysanne, 4 livres 10 sous pour un don qu'elle a fait à la Vierge.

Août 1740. Reçu du sieur Angilles, orfèvre, 7 livres 10 sous pour vente à lui faite d'une paire de boucles d'oreilles d'argent, qu'on avait données à la Chapelle.

Janvier 1741. Reçu d'un Anglais, 23 livres 12 sous 6 deniers qu'il a donnés pour contribuer à un ornement brodé de la Chapelle.

La piété s'exerçait surtout au retour des marins de la pêche d'Islande ; et c'était aux mois de septembre, d'octobre et de novembre de chaque année, que les comptes d'administration accusaient les plus fortes recettes. Pendant l'octave de la Nativité de la Vierge, on remarqua même que les quêtes produisaient communément de 80 à 95 livres. En signe d'allégresse, le directeur Chomel donnait l'ordre d'arborer à l'extérieur du temple un magnifique pavillon ou drapeau, aux grands jours de fête et durant tout le temps de la neuvaine (1).

Chomel fut un homme de bien et se rendit réellement utile à sa ville natale. D'abord premier échevin, on le vit ensuite devenir le principal directeur de la chapelle de Notre Dame des Dunes, directeur de l'Hôpital-Général et directeur de la confrérie du Très-Saint-Sacrement. Il s'adonna avec dévouement à la chose publique jusqu'à la fin de sa vie; et, quand à l'âge de 83 ans, la mort vint le séparer de sa famille et de ses amis, on n'entendit sortir de toutes les bouches que des éloges mérités et de justes regrets. Chomel rendit son âme à Dieu le 27 décembre 1749, dans son domicile, place Royale (2). A deux jours de là, on chanta un service solennel, et son corps fut immédiatement inhumé dans la chapelle du Très-Saint-Sacrement de l'église paroissiale de St-Eloi (3).

---

(1) Registre cité, couvert en parchemin, comptes de septembre 1727, f° 57, et de septembre 1734, f° 50.
(2) Acte de décès inscrit à l'état-civil de Dunkerque.
(3) Id. Voir les pièces justificatives.

VI.

Louis Chomel, le digne bienfaiteur et l'honorable directeur de la chapelle de Notre Dame de la Fontaine, avait un fils, Charles-Antoine Chomel, négociant à Dunkerque, qui lui succéda dans ses fonctions en vertu d'une commission du magistrat (1).

Héritier des bonnes traditions de son père, plein de zèle et de dévouement comme lui pour les institutions utiles et surtout pour la religion, Chomel dirigea avec honneur et conscience ce qui regardait le temporel de la Petite Chapelle; et, grâce au concours de sa mère qui s'en occupait beaucoup, il n'y avait rien qui n'y fût admirablement entretenu.

Sous sa direction, le saint « monument continua à jouir de la vénération de tous. Combien de marins

---

(1) Voir un compte-rendu en 1792 par acte sur six feuilles de papier timbré. Archives de la Petite Chapelle.

au moment du péril, combien de familles tremblant, pendant la tempête, pour les jours d'un être aimé, invoquaient la protection de la Vierge inaugurée par leurs aïeux ! Cette confiance dans sa puissante intercession auprès de Dieu s'étendait au loin. Ici, c'était pour un malade, abandonné par la science, que l'on envoyait en pèlerinage à la Chapelle. Là, c'était un paralytique que l'on y conduisait, et qui, avec onction, suppliait la Mère du Christ de guérir ses maux. Plus loin, un muet demandait à recouvrer la voix ; un aveugle, la vue ; un sourd, l'ouïe (1). »

Dans sa douleur, le fidèle adressait à Marie la prière suivante : « O très Sainte-Vierge et Mère de Dieu ! je prends mon recours à vous, Marie ; et, avec la confiance d'un fils, je fléchis les genoux devant votre image... pour que vous.... veuillez m'exaucer dans mon extrême angoisse et me servir de médiatrice auprès de Dieu le Père dont vous êtes la fille chérie ;... de Dieu le fils qui ne vous refuse rien, parce que vous êtes sa très chère Mère ; et auprès de Dieu le Saint-Esprit, pour obtenir son assistance, car vous êtes sa digne épouse.... Veuillez du haut des cieux jeter un regard de pitié sur mon angoisse, sur ma misère et mon extrême tristesse.... Veuillez conserver par votre puissant secours celui qui, sans cela, doit périr ; soutenir celui qui doit succomber ;

---

(1) Amand Dasenbergh, notice citée.

consoler celui qui, abandonné de tout le monde, se livrerait au désespoir... O très Sainte-Vierge! vous pouvez m'aider!... Après Dieu personne n'est plus puissant que vous... Rien ne vous est impossible.... ô Reine, ô Vierge très pure... je vous demande très humblement consolation, aide, secours, conservation... O Vierge très clémente, ne détournez pas votre vue des prières que je vous fais... Ne permettez pas que je me lève sans avoir été exaucé.... Ecoutez donc les gémissements de mon cœur, et considérez l'inclination que j'ai de vous servir, ô mère de bonne volonté ; la tendresse de votre cœur maternel permettra-t-elle que je demeure malheureux et sans consolation ?... O Reine... très libérale... obtenez-moi par votre intercession une foi vive, une espérance ferme et une charité parfaite envers Dieu, envers vous et envers tous les hommes pour Dieu... Obtenez-moi une vie parfaitement chrétienne, conforme à cette vie sans tache de votre fils et de vous. Obtenez-moi secours, miséricorde, préservation et défense dans tous les dangers où mon âme et mon corps peuvent se trouver, et obtenez-moi le don de persévérance dans le bien jusqu'à la fin de mes jours.... Ainsi soit-il (1). »

Après la prière et le recueillement, le cœur inspiré

---

(1) Extrait d'une longue prière imprimée en flamand, à Gand, chez Servaes-Somers, près des Jésuites, et plus tard en français, à Dunkerque, chez Lorenzo, rue Nationale.

par les plus saintes pensées, se sentait irrésistiblement entraîné à donner à la Vierge un témoignage de son amour et de son éternelle gratitude. « On faisait représenter dans des tableaux l'instant du danger, un navire près d'être englouti par les flots, un malade près d'expirer, sous les yeux de sa famille en larmes, et toujours on y faisait apparaître la Vierge protectrice comme présage du retour du calme et de la santé. Ces tableaux étaient pieusement suspendus dans la chapelle et garnissaient les murs en témoignage des miracles que la foi commune attribuait à la patronne du saint lieu. Dans l'espoir de se la rendre propice au moment de l'invocation, comme dans la pensée de lui rendre grâce après avoir vu exaucer ces vœux, on lui consacrait d'ordinaire quelque objet précieux, quelque ornement sacré, hommage religieux d'amour et de reconnaissance. Ces dons de la foi enrichirent ainsi la chapelle » (1) de Notre-Dame de la Fontaine.

En 1762, Chomel perdit sa mère, dame qui s'était toute dévouée aux intérêts de la Petite Chapelle. Dès-lors la tâche devint moins facile pour lui; mais cependant il ne négligea jamais les devoirs de sa charge (2).

---

(1) Amand Dasenbergh, notice citée.
(2) Projet de mémoire d'avril 1816, déposé aux archives de la mairie de Dunkerque.

On fit à Dunkerque, en 1768, une singulière découverte. Voici le fait : Un sieur Pierre Cornil Claeissen, maître poulieur à Dunkerque et natif de cette ville, avait acheté à Wormhout pour son commerce un arbre de bois d'orme. Il l'avait fait transporter à Dunkerque et déposer sur l'esplanade en face de la chapelle de Notre-Dame de la Fontaine. A quelques jours de là, il donnait l'ordre de scier l'arbre et de le fendre par morceaux propres à sa profession. Le 12 janvier, à 9 heures du matin, les ouvriers étaient au travail, et quelle ne fut pas la surprise de ces hommes et du maître poulieur, de trouver miraculeusement à la première ouverture que fit le fer, en fendant le premier bout du côté de la racine à quatre pieds de terre, le très digne, très haut et très saint nom de Jésus, imprimé entre le cœur et la circonférence de l'arbre, en teinture noire avec trois têtes de clous au-dessous ; le tout, dit un document du temps, aux environs d'un pied de France de longueur, et le même nom imprimé sur le milieu de l'arbre en teinture brune. On fit appeler à l'instant les plus proches voisins, et bientôt le bruit de ce prodige s'étant répandu en ville, on vit accourir le petit peuple, les bourgeois, puis les principaux habitants. Quelques jours après, Thiéry, licencié en théologie et curé de Dunkerque, vit et examina les pièces de bois signalées, avec l'impression du Saint-Nom de Jésus, et crut pouvoir délivrer le 16 du même mois un certificat écrit et signé de sa main, à la suite du procès-verbal que le poulieur avait dressé le jour de sa découverte (1).

La double circonstance du voisinage de la Petite Chapelle et du nom de Jésus, le fils de la sainte Vierge qu'on y venait adorer, inscrit deux fois à l'intérieur d'un arbre, dut faire naître bien des réflexions à la multitude et la faire crier au miracle. En ceci il y avait quelque chose d'aussi curieux que rare, et il y eut sans doute maintes personnes qui se permirent d'expliquer ce prodige en restant plus ou moins dans le vrai (2).

---

(1) Pièce originale d'une feuille de papier petit in-folio, se trouvant aux archives de la mairie. Voir la copie aux notes et pièces justificatives à la fin du livre.
(2) Voir les notes et pièces justificatives.

VII.

Fatigué par l'âge et appréciant les excellentes qualités de Jean-Baptiste Loreyns (1), négociant à Dunkerque, Chomel adressa, le 30 août 1777, une très humble supplique à messieurs le grand-bailli, le bourgmaître et les échevins de la ville et du territoire de Dunkerque, pour que Loreyns, dont le zèle et la probité étaient parfaitement connus, lui fût adjoint dans la direction de la Petite Chapelle. C'était une chose entendue, et le 3 septembre, le magistrat, sur l'avis favorable du curé Bertrand Thiéry, signa en assemblée, la nomination de Loreyns (2).

Le 19 juin 1782, Chomel quitta la direction de Notre-Dame de la Fontaine et rendit compte ce jour de son administration au magistrat, comme d'usage.

---

(1) Dont le vrai nom était Lorenzo.
(1) Compte arrêté en 1792, expédition sur papier au timbre de 8 sols la feuille, déposée aux archives de la Chapelle.

Lorcyns se mit seul à la tête de la direction avec l'ardeur et la persévérance d'un homme pieux et capable.

Sous ce nouveau titulaire, la Petite Chapelle conserva toute sa prospérité que l'on vit même de jour en jour aller en progressant. Ainsi, par exemple, depuis son entrée en fonctions jusqu'au 31 décembre 1783, c'est-à-dire en un espace de dix-huit mois, il lui fut commandé 4,684 messes chantées et autres. En 1784, on commanda 3,128 messes — en 1785, 3,002 — en 1786, 2,951 — en 1787, 2,602 — en 1788, 3,070 — enfin en 1789, 3,039 messes. L'administration avait un certain bénéfice sur le prix des messes, et ce bénéfice servait à l'entretien et au lavage du linge de l'autel, ainsi qu'à l'achat du vin blanc et des hosties pour les messes.

On disait alors les messes pendant toute la matinée ; ce qui déterminait souvent le directeur d'acheter le vin par pièces plutôt que par bouteilles.

Les quêtes, pendant les octaves de la Nativité, produisirent en 1783, 637 francs 68 centimes — en 1784, 343 francs — en 1785, 312 francs 50 centimes — en 1786, 267 francs 92 centimes — en 1787, 320 francs 75 centimes — en 1788, 232 francs 50 centimes — et en 1789, 220 francs 78 centimes (1).

---

(1) Registre petit in-folio, à dos de parchemin, aux mêmes archives.

En ce temps, la chapelle restait ouverte la nuit pendant l'octave où le Saint-Sacrement était exposé sur l'autel ; et, à cette occasion, l'administration avait à payer un gardien pour ses veilles. Les chaises étaient louées au clerc-sacristain moyennant 120 francs par année. Il en retirait certes son profit ; mais la direction lui payait un traitement fixe de 33 livres 6 sous 9 deniers par mois. Les choses se faisaient convenablement. Le sacristain était vêtu d'une robe noire (1), et les religieux qui venaient célébrer la messe, mettaient des pantoufles qu'ils se procuraient à la sacristie (2).

Le chiffre si élevé de ces recettes, outre bien d'autres, prouve une chose : c'est qu'à Dunkerque les armateurs et les marins gagnaient beaucoup d'argent, comme ils en dépensaient volontiers beaucoup. D'abord les prises nombreuses que les Dunkerquois avaient faites sur les Anglais pendant la guerre qui finit en 1783 ; puis les résultats de prospérité que produisit dès le principe la restitution des franchises du port de Dunkerque, en 1784, amenèrent de toutes parts l'abondance dans la ville (3).

---

(1) Registre petit in-folio, à dos de parchemin, déposé aux archives de la Petite Chapelle.

(2) Registre petit in-folio commencé en 1736, déposé aux mêmes archives.

(3) Voir l'Histoire de Dunkerque par M. Derode, p. 310.

Durant son administration, qui se termina vers la fin de mars 1792, Loreyns avait reçu, en moins de dix ans, 56,256 francs 20 centimes. Les dépenses s'étaient élevées à 52,431 francs 52 centimes ; de sorte qu'au jour de la reddition de ses comptes aux officiers municipaux de la commune de Dunkerque, c'est-à-dire au 3 juillet de cette année, il lui restait en mains 3,824 francs 68 centimes (1) ; somme qui, à quelque temps de là, fut versée à la caisse du trésorier de la commune.

L'orage grondait en France ; et la révolution, acquérant de jour en jour d'effrayantes proportions, menaçait d'engloutir dans sa marche les meilleures institutions, et d'effacer à jamais de ce monde le souvenir des choses les plus saintes et les plus respectables !

Le 22 novembre, les commissaires délégués par le conseil général de la commune, procédèrent à l'inventaire des objets si nombreux en or et en argent que possédait « la Petite Chapelle du port de cette ville, » en firent aussitôt l'enlèvement, et les adressèrent au district de Bergues (2). Parmi tous ces objets se trouvaient une croix d'argent avec son pied et

---

(1) Compte cité de 1792, expédition désignée.
(2) Pièce en expédition signée Vigreux, une feuille de papier in-folio, aux archives de la Petite Chapelle.

six chandeliers aussi en argent que Jean Schoutheer père, orfèvre à Dunkerque (1), avait vendus, moins de dix ans auparavant, 3,063 francs (2). L'État avait besoin d'argent; et, sans considération d'aucun genre, les belles et jolies choses, si précieuses sous plus d'un rapport, dont Notre Dame de la Fontaine se trouvait dotée, étaient destinées à passer à la Monnaie. A la même époque toutes les églises de Dunkerque furent dépouillées de leurs riches ornements !

Bien que la Petite Chapelle se trouvât dépouillée de ses éclatantes richesses, il lui en restait d'autres plus précieuses encore ; et la vénération des fidèles n'en resta pas moins pure pour la mère céleste. L'image de Notre-Dame était demeurée en place sur l'autel et recevait tous les jours les prières et les hommages des pieux habitants de Dunkerque, et notamment de cette population vivant de la mer, qui conservait profondément gravée dans le cœur la foi vive et sincère de ses pères, devant laquelle le matérialisme du siècle était venu mille fois se briser. Le culte voué à la Vierge avait quelque chose de si irrésistible parmi toutes ces familles patriarchales, qu'elles restèrent sourdes aussi à la voix de la tempête

---

(1) Ce M. Schoutheer est mort à Dunkerque le 27 janvier 1794. Il était le père de M. Schoutheer qui devint en 1815 l'un des administrateurs de la chapelle.
(2) Registre in-folio à dos de parchemin.

révolutionnaire qui éclatait sur la patrie, et leur conviction était si vraie, si profonde, que des milliers de voix s'élevèrent à la fois l'année suivante pour s'écrier que c'était à la généreuse intercession de Notre Dame de la Fontaine, qu'on devait la levée du siége de Dunkerque.

L'histoire raconte que le 23 août 1793, une armée formidable commandée par le duc d'York, généralissime anglais, s'était présenté devant Dunkerque. Dès le même jour, une sommation de se rendre était expédiée à la ville; et, sur la réponse négative du gouverneur français, la tranchée avait été ouverte le lendemain. Sur-le-champ, la plus épouvantable canonnade s'était fait entendre. Tous les hommes en âge de porter les armes, s'étaient levés en masse; et, tandis qu'ils combattaient l'ennemi, leurs femmes, leurs filles, leurs mères veillaient à leurs besoins; les unes portant la nourriture aux remparts, les autres secourant les blessés, les mourants; toutes inspirant le courage et la confiance dans la bonté de la divine Mère de Dieu. Elles-mêmes ne cessaient, au milieu de leurs anxiétés de tout genre, d'adresser à la Vierge les prières les plus ferventes.

La ville était réellement dans un péril extrême; le siége durait depuis quinze jours quand le 8 septembre, le jour même de l'ouverture de l'octave de Notre Dame de la Fontaine, l'ennemi avait disparu nuitamment de nos murs ; le Rosendal et la route de Furnes étaient enfin libres. On cria au miracle.

A certaines époques de la vie, il y a des exemples d'événements si étranges, si extraordinaires, qu'il semble voir le doigt de Dieu s'appuyer sur la terre comme pour rappeler aux incrédules qu'il existe au-dessus de nous un ordonnateur suprême de toutes choses.

Un poète flamand de Dunkerque mit la plume à la main ; et, sous l'impression de ce grand et mémorable événement, il écrivit en ces termes une « prière à la sainte Vierge Marie, pour la remercier, disait-il, d'avoir repoussé l'ennemi le jour de sa fête, célébrée annuellement à Dunkerque le 8 septembre, dans sa chapelle, sous l'invocation de Notre Dame de la Fontaine, refuge des marins, etc. »

« Marie, mère et Vierge pure, qui portez Jésus dans vos bras, nous vous remercions avec humilité d'avoir dispersé les ennemis le jour même de votre fête. Vous avez tellement troublé leur esprit qu'ils se sont enfuis hors du Rosendal, abandonnant les armes qu'ils dirigeaient contre nous. Votre sanctuaire, bien qu'exposé à leurs coups, n'a pu être atteint ni par la poudre, ni par le plomb. Accordez-nous également la faveur d'échapper à tout danger aussi longtemps que nous vous resterons fidèles. Ainsi soit-il. »

Le poète ne se contenta pas de publier sa prière, il fit imprimer (1) à la suite le Magnificat, ce sublime cantique de la Vierge qu'un autre poète, le célèbre Deswaen (2), mort à Dunkerque, sa ville natale, président de la société de Rhétorique, avait mis jadis en vers flamands, et qui commence par ces mots si bien analogues à la circonstance : Mon âme glorifie le Seigneur, et mon esprit est ravi de joie en Dieu, mon Sauveur, etc.

Après la fuite de l'armée ennemie, on n'entendit à Dunkerque pendant plusieurs jours que des cris d'allégresse. La joie publique était à son comble et tout le monde y prit part.

Tous les amateurs du flamand, et il y en avait alors beaucoup dans la ville, voulurent se procurer la prière à la Vierge et le Magnificat, mis à l'ordre du jour ; et le dépôt qui s'en trouvait chez le sieur J. Verbregghe, coutre de la chapelle, fut épuisé en peu de temps.

---

(1) A Dunkerque le 21 septembre 1793. Voir aux notes la double pièce originale qui se trouve aux archives de la Petite Chapelle.

(2) Michel Deswaen était chirurgien à Dunkerque, où sa famille se trouve encore.

VIII.

Le bonheur des Dunkerquois ne dura guère. Bientôt le bon Dieu détourna ses regards paternels de la France : les plus noirs excès se commirent alors.

Le 26 novembre 1793, le conseil de la commune, réuni sur l'Esplanade, annonça au peuple qu'il n'y aurait désormais à Dunkerque « d'autre culte que celui fondé sur la vertu et dans l'accomplissement de ses devoirs envers la société ! »

C'en était fait de la religion du Christ ! et tout ce qui restait encore d'ornements dans les églises fut enlevé, brisé, disséminé. On enleva même toutes les croix qui existaient à l'extérieur des édifices, au sommet des chapelles et des clochers (1). Une personne pieuse parvint cependant à recueillir la petite

---

(1) M. Victor Derode, Histoire de Dunkerque, citée, p. 285.

statue de Notre Dame de la Fontaine. Cette personne était la femme d'un militaire qui, jusqu'au jour où elle quitta Dunkerque, conserva la statuette avec le plus grand soin.

Dauchy et Vandewalle, nommés l'un par le conseil communal, l'autre par le comité de surveillance de Dunkerque, furent, le 5 décembre, chargés de la double mission d'escorter jusqu'à Paris les trésors des églises parmi lesquels se trouvait celui de Notre Dame de la Fontaine, et de rapporter pour la cité dunkerquoise les bustes de Marat et de Robespierre, idoles de ce temps (1).

A cette époque, la Petite Chapelle fut transformée en atelier de préparation des bombes, des grenades et des autres projectiles de guerre. Dans cet édifice, naguère tant orné et dont il ne restait que les murs, on vit succéder ainsi au recueillement des fidèles, à leur respect pour la sainteté du lieu, le bruit et les jurements des travailleurs (2).

Le 24 mars 1794 (6 germinal de l'an 2), une catastrophe éclata dans l'antique sanctuaire de Notre Dame de la Fontaine. Vers quatre heures du soir les poudres déposées dans la chapelle prirent feu par suite d'imprudence. L'explosion eut d'épouvantables résultats :

---

(1) M. Amand Dasenbergh, notice citée.
(2) Id.   id.

elle tua l'un des ouvriers et en blessa plusieurs mortellement; l'édifice fut détruit et la plupart des maisons voisines éprouvèrent de grands dommages. Le peuple alarmé vit dans cet affreux sinistre, un châtiment du ciel qui punissait sévèrement la profanation du sanctuaire (1). Un sans-culotte effréné avait résolu que la chapelle servirait à la République ; pour ne pas en avoir le démenti, il en fit transporter les décombres à la fabrique de salpêtre (2).

Cet évènement si inattendu, considéré par la majeure partie de la population comme une manifestation providentielle, causa un tel émoi et fit naître tant de réflexions, que l'autorité jugea prudent de doubler les postes de la ville, d'exercer plus de vigilance et de faire circuler des patrouilles dans les rues pour maintenir la tranquillité publique (3). Deux jours après le conseil de la commune décida que l'on démolirait jusqu'aux fondations de la chapelle (4). Le travail fut aussitôt commencé. On sapa le monument; mais on laissa subsister, malgré les premiers ordres, les murs sous terre pour éviter les frais d'excavation. Dès ce moment, la chapelle de Notre Dame de la Fontaine, qui

---

(1) M. Amand Dasenbergh, notice citée, — et M. Victor Derode, Histoire de Dunkerque, p. 396.
(2) M. Victor Derode, histoire et page citées.
(3) M. Amand Dasenbergh, notice citée.
(4) Archives de la mairie de Dunkerque.

avait eu de si glorieux jours, n'offrit plus qu'un souvenir aux rares et timides fidèles de ce temps. La piété, cette sainte fille du ciel, avait déserté la terre, et l'on n'y voyait plus après sa fuite, que de longues et désastreuses traces d'infortune, d'horreurs et de désespoir.

IX.

Sept années s'étaient écoulées en France au milieu du désordre et de l'irréligion. Napoléon Bonaparte s'était emparé des rênes de l'État. Le pays avait entendu la voix du jeune général ; et, plein de confiance en ses principes, la nation s'était lancée résolument dans le sentier de l'orthodoxie. Dès lors on pouvait s'avouer chrétien et proclamer tout haut les bienfaits d'une sainte religion dont dépend le bonheur du monde. Enfin le 26 messidor de l'an IX (15 juillet 1801), le consul Bonaparte avait, avec le pape Pie VII, conclu un concordat, cet acte immortel qui fut un des plus honorables souvenirs de la vie du souverain français. Présenté le 5 avril 1802 au Corps législatif, il avait reçu une complète approbation ; le 8 une loi pour l'organisation des cultes, la liberté de conscience, etc., avait été décrétée, puis le 18, la proclamation du Concordat avait donné lieu à Paris à une grande solennité religieuse présidée par le premier consul ; et, dans cette circonstance, l'antique basilique de Notre-Dame avait retenti des chants d'allégresse.

En vertu de ce nouvel ordre de choses, l'évêque du Nord, Louis Belmas arriva le 12 juin à Dunkerque et l'on s'y apprêta aussitôt à célébrer une sainte et imposante cérémonie vers laquelle tous les cœurs se sentaient entraînés. Le lendemain l'évêque officia pontificalement à l'église Saint-Eloi (1) en présence des autorités civiles et militaires de la ville et d'un immence concours de peuple avide de jouir d'un spectacle aussi nouveau pour lui.

Le culte catholique ainsi rétabli à Dunkerque, l'espérance vint à tous ces braves pêcheurs de la ville restés fidèles au culte de la Mère de Dieu, de voir bientôt réédifier la chapelle de Notre Dame de la Fontaine si fatalement détruite pendant la révolution. Mais cette pensée si consolante, ne put se réaliser en présence des grands évènements politiques qui éclatèrent en Europe et qui eurent une si longue et désastreuse durée !

---

(1) Voir l'Histoire de Dunkerque par M Victor Derode, p. 419.

X.

En 1812, une personne aussi pieuse que vénérable, la veuve Vandevelde née Marie-Madelaine Dufour, avait réuni chez elle dans une soirée d'hiver ses enfants et ses petits-enfants. Après avoir épuisé plusieurs sujets de conversation, la bonne dame eut l'occasion de rappeler quelques souvenirs des temps passés; et finit par raconter l'histoire de la petite chapelle de Notre Dame de la Fontaine, qui se trouvait dans le voisinage de sa demeure, demeure qu'elle avait encore alors et où elle exploitait la plus belle brasserie de cette époque.

Charles-Henri Desmit, son petit-fils, enfant à peine âgé de onze ans, avait écouté attentivement tout ce qui s'était dit entre ses parents; et le lendemain, l'histoire de la petite chapelle était redite à ses jeunes camarades de classe à l'heure de la récréation. Ils conçurent à l'instant plusieurs projets, sans rien déterminer; le dimanche suivant, ils visitèrent l'emplacement où existait le temple de la Mère divine; et, comme en général les enfants sont naturellement imitateurs, ils trouvèrent qu'il leur était facile d'élever un autel sur la pierre de fermeture de l'ancien puits d'où jaillissait jadis l'eau de la fontaine qui avait, pendant plusieurs siècles, laissé son nom à la chapelle. Plus expéditifs que de grandes personnes et sans se préoccuper d'autorisation administrative, ils recueillirent des briques de tous côtés, et, quand ils en eurent un certain nombre, ils formèrent eux-mêmes et sans secours étranger, aux premiers beaux jours du printemps, un petit autel en plein vent, en liant les briques entre elles avec de la terre glaise à défaut de ciment. Desmit, auteur de la fondation, en fut nommé le directeur à l'unanimité des voix de ses jeunes condisciples et collaborateurs. C'était justice, car à tout seigneur revient tout honneur.

Une vieille femme du quartier, touchée de la persévérance dans le travail et de la piété de ces enfants, leur fit don d'une statue de la Vierge, qu'ils placèrent sur l'autel avec des démonstrations de bonheur et des témoignages de vénération sans exemple à cet âge. Voici ce qui se passa alors. Les juvéniles ouvriers de cette œuvre sainte allaient journellement allumer de petites chandelles en l'honneur de la Vierge, leur bonne mère, et réciter des prières pour en obtenir des grâces et sa céleste miséricorde. Des curieux vinrent visiter l'autel, et bientôt, comme en un pélerinage, le nombre des fidèles grossissant chaque jour, de nombreuses offrandes pécuniaires étaient déposées aux pieds de la Vierge. Ce fut ainsi que la dévotion à Notre Dame de la Fontaine obtint une nouvelle célébrité ; et grâce à une invention récréative de petits garçons, on vit beaucoup de gens de tout âge et de tout sexe venir s'agenouiller avec humilité sur la terre, les uns par habitude de jeunesse, les autres par l'exemple que leur donnaient ceux-ci d'une merveilleuse piété. Ce qui s'accomplisait là avait quelque chose d'aussi inattendu que touchant. Les offrandes se multiplièrent et permirent d'orner peu-à-peu la modeste table des saints sacrifices et d'y faire brûler des lumières des premières heures du matin à la chûte du jour.

Ce jeu d'enfants, si heureusement alimenté par la piété publique, cessa en 1814. La police intervint, confia la garde du petit monument à un agent spécial et l'exploita à son profit pendant une année. En regrettant ce qui se passait à son égard, le jeune Desmit eut du moins la consolation de pouvoir s'énorgueillir d'avoir réalisé d'une manière durable une pensée aussi louable que généreuse (1).

---

(1) Communication verbale que m'a faite en 1855, M. Charles-Henri Desmit, qui habite Dunkerque.

XI.

Depuis longtemps une dame de Dunkerque, Catherine Dasenbergh, épouse de Liévin Vanhan, maître voilier, avait conçu dans sa pensée la réédification de la Petite Chapelle, au moyen de dons volontaires des habitants ; mais la bonne dame, dont la piété et le dévouement étaient parfaitement connus, avait dû ajourner bien souvent son projet (1). Enfin, au retour des Bourbons en France, au mois d'Avril 1814, elle se mit à l'œuvre ; et, de concert avec Balthazar-Robert Schoutheer, marchand orfèvre, homme éminemment religieux, elle fit présenter au baron de Kenny, officier de la légion d'honneur, maire de la ville, une requête tendant à obtenir l'autorisation d'ouvrir une liste de souscriptions. Elle l'obtint ; et voici ce qu'on fit alors. On imprima l'arrêté du maire ; et, sur la

---

(1) M. Amand Dasenbergh, notice citée.

même feuille, une adresse à la piété des habitants de Dunkerque, ainsi conçue (1) :

« La miraculeuse révolution que la main du Tout-Puissant vient d'opérer sous vos yeux, a rétabli à la fois Louis-le-Désiré notre Roi très-chrétien sur le trône de ses ancêtres, et le Saint-Père Pie VII, chef visible de l'église universelle, sur la chaire de Saint-Pierre.

» Par cet heureux évènement, les droits sacrés de l'Église et de l'État, étant aujourd'hui et à jamais reconnus, nul obstacle dorénavant ne pourra traverser, ni le libre exercice de votre culte, ni vos pieux élans vers les objets de votre dévotion.

» C'est sous cette double et désormais immuable garantie, de la protection de l'Église et de l'État, que s'est déjà manifesté parmi les habitants, le vœu bien prononcé pour le rétablissement du pieux établissement qui, avant la sacrilége révolution de trop déplorable mémoire, existait depuis un temps immémorial dans l'enceinte de cette ville, sous la dénomination de Petite Chapelle, où les fidèles de toute condition, de tout âge et de tout sexe, allaient implorer la protection de la Mère de Dieu, pour obtenir, par son intercession, du Père des Miséricordes, les malades et les affligés, leur santé ; les voyageurs, leur heureux

---

(1) Document de ma bibliothèque.

retour ; les attristés, la consolation dans leurs peines ; les marins et les navigateurs, des trajets sans accidents; et dans les dangers, le port du salut.

» Grand nombre d'habitants a déjà présenté requête à M. le maire de cette ville, afin d'obtenir des autorités compétentes, la permission pour la reconstruction de cet asile de toute consolation. Mais cette permission ne pouvant être accordée qu'autant que les fonds à ce nécessaires ne soient préalablement assurés, il est, à cet effet, ouvert une souscription où chacun est invité de déterminer la somme pour laquelle il se soumet à contribuer, en se pénétrant de cette vérité que toutes les offrandes de piété et jusqu'au denier même de la veuve, sont toujours agréables à la divinité. »

L'arrêté et l'adresse furent lancés dans le public et préparèrent suffisamment les Dunkerquois les plus généreux comme les moins libéraux, à l'œuvre de charité qu'on attendait d'eux en cette occasion. Quelques jours après, Schoutheer et la dame Vanhan prirent leur course, frappant à toutes les portes, s'adressant aux pauvres comme aux riches, et recevant toujours avec reconnaissance l'aumône des uns et des autres ; et, avec une patience qui ne se rebutait devant aucun obstacle, ils finirent de la sorte par obtenir une somme de 6,078 francs 5 centimes dans d'innombrables souscriptions de 1 franc à 150 fr. (1) Cette somme se réalisa avec tant de célérité, que le 24 janvier 1815 le baron de Kemmy approuva les plans et les devis des travaux de reconstruction de l'ancienne chapelle, en même temps que la pétition d'un grand nombre d'habitants pieux, tendant à l'érection du monument (2).

Tous les documents furent ensuite transmis aux autorités supérieures, afin d'obtenir de la bienveillance de Sa Majesté Louis XVIII le pouvoir nécessaire à l'accomplissement des pieux et louables projets des habitants de Dunkerque. La demande, comme on avait lieu de l'espérer, ayant été favorablement accueillie par le gouvernement, l'administration municipale voulut assurer immédiatement l'emploi des sommes à provenir de la souscription, afin qu'il en fût tenu une comptabilité régulière, et nomma, par arrêté du 12 août, Schoutheer et Vanhan, administrateurs provisoires pour la reconstruction, sur les anciennes fondations existantes, de la chapelle des Dunes, en attendant, y était-il dit, l'organisation définitive qui serait arrêtée par le gouvernement et par Monseigneur l'Évêque (3).

---

(1) Registre in-folio des archives de la Petite Chapelle.

(2) Archives de la Petite Chapelle.

(3) Arrêté signé Gaspard. Pièce originale aux archives de la Petite Chapelle.

Le même jour le public était prévenu qu'il serait reçu des soumissions par écrit et cachetées pour l'adjudication de l'entreprise (1), et le 23, M. André Weus, maître maçon, fut chargé de la reconstruction comme ayant offert le plus fort rabais (2). Bruno Grawez, architecte, qui avait fourni les plans, les devis et les conditions du marché, reçut la mission de diriger les travaux.

On prépara aussitôt l'emplacement pour la pose des premières pierres angulaires et fondamentales de l'édifice ; et, dans ces entrefaites, les administrateurs adressèrent des invitations aux autorités constituées et aux plus notables habitants de la ville, pour assister à la cérémonie de la pose des premières pierres, fixée au 29, à trois heures de l'après-midi.

Quelque temps avant cette époque, la veuve Credoz, marchande à Dunkerque, était, depuis nombre d'années, en possession de la Vierge même de la chapelle primitive de Notre Dame de la Fontaine, que la femme d'un militaire, qui l'avait recueillie pendant la révolution, lui avait donnée en quittant la ville. Tout le monde connaissait cette circonstance ; et, chaque fois que la procession de l'église de Saint-Éloi sortait à la

---

(1) Placard imprimé, déposé aux archives de la Petite Chapelle.

(2) Contrat déposé. id.

Fête-Dieu, et passait devant la demeure de Madame Credoz, rue de Ste-Barbe, la petite Vierge était exposée en façade aux regards du public. Quand il s'était agi de la reconstruction de la Chapelle, l'infatigable Schoutheer fit une démarche près de cette dame et obtint avec d'autant plus de facilité l'antique Vierge, que la dépositaire l'avait reçue autrefois sous la condition de la restituer à la Chapelle, si ce monument était un jour rebâti.

Il y eut une petite fête à cette occasion : Le clergé alla prendre chez la veuve Credoz la statuette de Notre Dame et en fit la translation à Saint-Eloi au son des cloches et du carillon.

XII.

Au jour déterminé pour la cérémonie de la pose des pierres fondamentales de la chapelle, la réunion se forma dans la grande salle de l'Hôtel-de-ville, où se présentèrent successivement Guillaume Olivier, président du tribunal civil;—Pierre Liebaert et Joseph Mazuel, juges-de-paix des cantons Est et Ouest; — Philippe Lancel, vice-président de la chambre de commerce;—le baron Coppens, major de la marine, chevalier de la Légion d'honneur et député du Nord au corps législatif; — Delacoste, capitaine de frégate, major de la marine, sous-directeur des mouvements, chevalier de l'ordre royal et militaire de St-Louis, officier de la Légion d'honneur;--Pierre Barbiez, capitaine du port de première classe; — Henri Dupays de Lincourt, capitaine du port en second;—Louis-Augustin Deman, avocat et ancien conseiller pensionnaire; — Etienne Lafon, négociant et membre du conseil général de la commune; —Jean-Jacques Fockedey, médecin-docteur, ancien député à la Convention ; — et autres notables habitants et marins de toutes les classes, parmi lesquels figurèrent deux vieux pêcheurs dans leur costume traditionnel, portant une civière élégamment décorée et entourée de quatre femmes de pêcheurs parées et revêtues aussi de leur riche et ancien costume. La civière soutenait les cinq premières pierres angulaires de la chapelle sur lesquelles on avait gravé les noms et les qualités des personnes destinées à les poser.

Le cortége sortit à trois heures de l'Hôtel-de-Ville au son du carillon et de toutes les cloches de la tour, où était arboré le grand drapeau blanc royal parsemé de fleurs de lis, et se mit en marche par la rue de l'Église vers la paroisse de Saint-Éloi, ayant en tête les capitaines Barbiez et Dupays en uniforme de grande tenue, entourés des pilotes côtiers, des pêcheurs et d'une foule de marins précédés de l'étendart de Saint-Pierre, porté par le capitaine Antoine Damman ; ils étaient suivis de la musique de la garde nationale qui, par sa belle harmonie, relevait l'enthousiasme et l'allégresse des nombreux habitants qui garnissaient les croisées des maisons, ou circulaient dans les rues. Venaient ensuite, marchant sur deux lignes séparées, les hommes et les femmes, auxquels étaient confiées les premières pierres, puis une soixantaine d'enfants des deux sexes de la classe des pêcheurs, ayant chacun en main un drapeau blanc qu'ils agitaient

sans cesse en l'air, aux cris redoublés de vive le Roi !
Enfin suivaient Melchior-Balthasar Gaspard, adjoint
à la mairie, chevalier de la Légion d'honneur; les
deux administrateurs provisoires de la future chapelle,
ayant l'écharpe au bras, et toutes les autorités constituées et les plus notables habitants invités à la
cérémonie.

Parvenu à l'église, le cortége se plaça au chœur où
étaient aux pieds de l'autel, Augustin Depoix, le grand
doyen et curé de la paroisse, ses deux assistants, les
trois grands chantres avec leurs bâtons ornés et cou-
verts d'argent, tous en chapes et revêtus des plus beaux
ornements, ainsi que tout le clergé, les musiciens et les
enfants de chœur en rochets. Le Doyen, ayant fait
entonner les litanies de la Vierge, le premier cortége
sortit de l'église dans l'ordre qu'il y était entré
et fut immédiatement suivi du capitaine de pêche
Etienne Noedts qui portait l'antique Vierge sur un
plat, des membres de la confrérie spirituelle de la
Vierge, cierges allumés, du clergé précédé de la grande
croix, enfin de toutes les autorités civiles et militaires,
ainsi que d'un grand nombre d'habitants qui fermaient
la marche. La procession suivit les rues de l'Église,
du Collége et des Vieux-Remparts, descendit par un
portique dans la rue S¹-Jean dite des Minimes, qui,
dans toute son étendue, était pavoisée et décorée avec
une telle élégance et avec tant d'uniformité, que le
public en témoigna son étonnement et son admiration.

Le cortége sortit de la rue Saint-Jean par un second portique, longea le marché aux Anguilles et la rue Neuve le long du port, traversa la place du Minck, la rue des Arbres décorée avec une remarquable élégance, et se trouva finalement sur l'Esplanade du Hâvre en face des fortifications, dont le talus, en forme d'amphithéâtre, offrait aux yeux le plus beau et le plus ravissant spectacle, par l'innombrable quantité de personnes que l'on y voyait symétriquement rassemblées, et qui, par une acclamation générale et spontannée, à la vue du cortége, manifestaient le bonheur de voir se réaliser les premières dispositions religieuses leur assurant l'accomplissement de leurs plus chers désirs.

Arrivé sur la place de la Petite Chapelle, le cortége fut salué par vingt coups de canon par les soins et aux frais de Lafon; et, quand tout fut rentré dans le silence, le doyen commença les prières prescrites et usitées par l'Église, puis descendit dans l'excavation préparée à recevoir les fondations du monument, y fit les aspersions accoutumées, se porta ensuite à l'angle droit de l'entrée faisant face aux remparts et y posa solennellement la première pierre angulaire et fondamentale de la chapelle, au bruit du canon et des acclamations générales et réitérées de tous les assistants. La seconde fut posée par Gaspard, l'adjoint au maire, à l'angle gauche de l'entrée; la troisième, par Schoutheer, à l'angle droit du fond;

la quatrième, par Vanhan, à l'angle gauche; et la cinquième, à côté, par le jeune Desmit.

La cérémonie terminée, le doyen donna pontificalement la bénédiction à tous les assistants et à l'immensité de peuple qui couvrait l'étendue de la plaine environnante (1); et les litanies de la Vierge ayant de nouveau été entonnées, le cortége se remit en marche par les rues des Vieux-Remparts, Emmery (2) et de l'Église, et arriva de la sorte à Saint-Éloi où le doyen termina avec son clergé les prières à la sainte Vierge. Après cela le cortége se remit en marche au son de la musique de la garde nationale et des cloches, jusqu'à l'Hôtel-de-Ville, où mille voix témoignèrent à l'honorable Gaspard, par les plus vives exclamations de vive le Roi! vive M. Gaspard! toute l'étendue de leur satisfaction et de la plus sincère gratitude.

Ainsi se termina, dit un document de l'époque (3), la grande et belle fête religieuse et civile dont les Dunkerquois conserveront la perpétuelle mémoire qu'ils transmettront à leur postérité la plus reculée.

---

(1) Les maisons au nord et au sud de la Petite Chapelle, n'existaient pas encore.
(2) Nommée alors du Moulin.
(3) Voir le Récit Historique de la reconstruction de la Petite Chapelle de Notre Dame des Dunes à Dunkerque, en 1815, imprimé chez E. Lorenzo, place Royale (aujourd'hui place Jean-Bart), en cette ville.

XIII.

L'entrepreneur s'était engagé à livrer la chapelle à couvert dans les deux mois et demi du jour de l'adjudication. Il en fut ainsi, car le 6 novembre 1815, on vit flotter par une belle matinée d'automne, sur la tourelle du sanctuaire, le pavillon blanc du roi pour annoncer cette circonstance aux pieux habitants de Dunkerque qui eurent lieu de s'en réjouir. On admira à cette occasion la pensée qu'avaient eue les administrateurs et l'architecte, de placer l'entrée de la chapelle au nord; pensée aussi pieuse que consolante qui offre aux marins un Dieu veillant sur eux pendant les tempêtes (1).

Dès l'instant où il avait plu à la Divine Miséricorde de replacer Louis-le-Désiré, le roi très-chrétien et fils aîné de l'Eglise sur le trône de ses ancêtres et de mettre à la fois un terme non moins désiré aux trop

---

(1) Article signé C. P., inséré dans la Feuille d'annonces de Dunkerque, de l'imprimerie de Drouillard, n° 205, du 23 mars 1816.

longues calamités qui avaient si cruellement affligé l'Eglise et l'Etat, les habitants de Dunkerque avaient aussitôt formé le vœu de pouvoir réédifier, à leurs frais, l'antique et respectable monument voué par la piété de leurs pères, à l'invocation de la Vierge sous la dénomination de Notre Dame des Dunes ; et certes le jour où ils acquéraient l'assurance qu'ils pourraient pratiquer bientôt leur dévotion dans le saint temple, ils durent être bien heureux de se voir enfin au terme de leur longue attente.

Tout n'était pas dit, le 8 du même mois de novembre les ouvriers eurent le soin de se présenter au bon Schoutheer, pour palper une petite somme de dix-huit francs à titre de gratification (1) ; car il fallait bien qu'eux aussi, après avoir courageusement travaillé, pussent jouir, comme tant d'autres plus heureux, de l'évènement de ce grand jour pour les chrétiens.

De leur côté, les administrateurs s'étaient occupés, dès le 4 de septembre, de la rentrée des souscriptions pour faire face aux dépenses de l'entreprise.

Les principaux travaux de construction s'étaient activés, mais il restait encore bien des choses à faire à l'intérieur de l'édifice avant de le livrer au public. On travailla tout l'hiver, et dans les premiers jours du mois de mars 1816, on annonça officiellement la

---

(2) Registre des dépenses commençant en 1815, déposé aux archives de la Petite Chapelle.

fin des travaux. L'administration s'était déjà procuré le mobilier, les ornements et tous les objets nécessaires au culte et à la chapelle; déjà, aussi, Monseigneur Louis de Belmas, évêque de Cambrai, mu par la piété des fidèles de la ville de Dunkerque, avait fait expédier, le 27 février, au doyen-curé Depoix, une commission pour bénir la chapelle de Notre Dame des Dunes et y célébrer le saint sacrifice de la messe (1). Enfin les fidèles si avides d'aller prier aux pieds de la Vierge dans son nouveau temple, purent assister le 21 mars, dans l'église de St-Eloi, à la cérémonie de la bénédiction des cloches, dont l'une reçut le nom de Marie-Thérèse, par Pierre-Paul-Victor Amyot, chevalier de l'Ordre royal et militaire de Saint-Louis, commissaire général ordonnateur de la marine, et par Mme Jeanne-Louise-Josèphe Stival, épouse de Pierre Degravier, maire; et l'autre, celui d'Antoinette-Charlotte, par Guy-Auguste-Ange-François De Quengo, comte de Crenolle, chevalier de l'Ordre royal et militaire de Saint-Louis, maréchal-de-camp, lieutenant de roi, commandant la place, et par Mme Catherine-Benoîte Bonjean, épouse de M. Deschodt, sous-préfet (2).

---

(1) Pièce originale en latin, déposée aux archives de l'église de Saint-Éloi. Voir les notes « in fine ».

(2) Procès-verbal de la Bénédiction. Pièce originale signée des deux parrains et des deux marraines et déposée aux archives de l'église de Saint-Éloi.

Comme les cloches n'avaient pas été fondues pour la chapelle, elles ne reçurent pas les noms donnés à leur baptême, ni aucune indication commémorative.

Deux jours après les administrateurs de Notre Dame des Dunes adressaient aux principaux habitants une circulaire (1) par laquelle ils leur mandaient que « puissamment secondés dans l'exécution de leurs projets par les autorités supérieures et parvenus ainsi au comble de leurs désirs, par la prompte réédification du monument destiné et convenablement disposé à recevoir l'image de la Vierge, protectrice spéciale de la France et consolatrice des affligés ; ils avaient fixé la solennité de l'inauguration et de la bénédiction de cet asile de piété, au vingt-cinq du mois, jour de la fête de l'Annonciation de la Vierge, et les priaient instamment de vouloir bien assister à la cérémonie de la bénédiction, afin de donner à cette fête religieuse et civile, à la fois, la pompe et la célébrité digne de son objet. »

Or, le lundi, 25 de mars, les autorités civiles et militaires invitées à la cérémonie se réunirent au chœur de l'église de Saint-Éloi, et vers neuf heures se dirigèrent processionnellement avec le clergé et les chantres de deux paroisses, par diverses rues élégamment pavoisées et parées, au son de la grande

---

(1) Pièce imprimée déposée aux archives de la Petite Chapelle.

cloche et du carillon, vers le sanctuaire de Notre Dame des Dunes, où se trouvaient réunis des milliers d'habitants qui, déjà, étaient venus tour à tour contempler l'image de l'antique Vierge de la chapelle. Après les augustes cérémonies et les prières usitées par l'église, le doyen-curé de Saint-Éloi bénit solennellement le temple divin de Marie, au bruit du canon et de toutes les cloches de la ville, ainsi qu'aux acclamations générales de l'innombrable quantité d'habitants qui couvrait toutes les hauteurs des remparts et l'étendue de la plaine environnante(1).

Entre-temps, l'administration de la chapelle avait procédé à l'inventaire de son mobilier, inventaire que M. Benjamin Coffyn, adjoint à la mairie, signa le 27 mars en vertu d'un arrêté du maire en date de la veille (2).

Depuis le jour de la sainte cérémonie le temple resta ouvert, et la première messe y fut célébrée le 8 avril suivant (3).

---

(1) Projet de mémoire d'avril 1816, déposé aux archives de la mairie de Dunkerque.
(2) Procès-verbal en une feuille in-fº, déposé aux archives de la Petite Chapelle.
(3) M. Victor Derode. Histoire de Dunkerque, 1852, p. 240.

XIV.

Il ne serait jamais venu à l'idée de personne pendant la touchante et solennelle cérémonie du 25 mars, qu'un conflit fût sur le point d'éclater entre les administrateurs provisoires de la Petite Chapelle et les fabriciens de la paroisse de St-Éloi. Quelques uns d'entre eux ne se contentaient pas de dire que le doyen-curé avait à Notre Dame des Dunes, toute l'autorité pour le spirituel ; ils prétendaient encore que la chapelle devait être régie pour le temporel par l'administration de la fabrique de Saint-Éloi, puisqu'elle faisait partie de son domaine. De leur côté, Schoutheer et Vanhan prétendaient que le temporel de la Petite Chapelle leur appartenait exclusivement et devait être indépendant de la fabrique de Saint-Éloi, comme cela s'était observé avant la révolution. Il y avait là plus qu'une question de droit, il y avait aussi une question d'équité ; la position des administrateurs provisoires était délicate et inquiétante. Après avoir sacrifié leur temps, donné leurs soins, éprouvé des embarras et des désagréments de tout genre, ils se trouvaient personnellement engagés à la restitution de fortes sommes qu'ils avaient empruntées à terme, afin de faire face aux dépenses générales d'édification et d'ameublement de l'oratoire. Par bonheur, on appréciait leur dévouement et ils jouissaient d'une haute confiance près du maire et des adjoints.

Il y eut de longues discussions et l'on ne put jamais tomber d'accord. Plusieurs personnes honorables intervinrent dans la pensée d'amener une conciliation ; mais le différend s'embrouilla à tel point, malgré la réserve et le respect des convenances que mirent en usage les deux administrateurs, que l'affaire, dont l'évêque diocésain avait déjà été saisi, fut renvoyée définitivement le 16 avril à son arbitrage. On avait malheureusement alarmé la sollicitude pastorale du prélat ; jamais la vérité ne lui avait été dite tout entière, et, dès lors, il était presque certain que le mandement qu'il allait rendre, serait défavorable à Schoutheer et Vanhan. Il le donna à Cambrai le 2, sous son seing, son sceau et le contre-seing de son secrétaire. Le mandement (1) était conçu en ces termes :

« Louis Belmas, par la permission divine et la grâce

---

(1) Pièce imprimée se trouvant aux archives de la ville et de la Petite Chapelle.

du saint-siége apostolique, évêque de Cambrai, baron, officier de l'ordre royal de la Légion d'Honneur, vu notre ordonnance du 9 de ce mois, portant règlement pour l'administration de la chapelle de Notre-Dame des Dunes, à Dunkerque.... Considérant que.... avons ordonné et ordonnons ce qui suit: Article 1er. La Chapelle de Notre Dame des Dunes à Dunkerque, est et demeure interdite. Art. 2. Il est défendu de faire dans la chapelle, aucuns offices, prières ou cérémonies religieuses, sous peine, contre tout prêtre, ou autre ecclésiastique qui y célébrerait ou y remplirait quelque fonction que ce soit de son ministère, d'encourir par le seul fait l'irrégularité, etc. »

Le conseil de la fabrique de Saint-Eloi eut communication de cette ordonnance, le 23. Il prit la résolution de se rendre en corps à l'hôtel de la Mairie pour tâcher d'en éviter la publication et d'obtenir une soumission de la part de la direction provisoire de la Petite Chapelle. Mais cette démarche resta infructueuse. Alors les fabriciens, forts de la pureté de leurs intentions, disaient-ils, firent distribuer le 27, avec profusion par toute la ville et colporter de porte en porte, un écrit apologétique de leur conduite, où le blâme était répandu à pleines mains sur le maire de la ville et sur les administrateurs de la chapelle. Puis le lendemain dimanche, la publication de l'ordonnance d'interdiction se fit au prône de la messe paroissiale, conformément aux ordres de Monseigneur. On fit plus:

l'ordonnance fut suspendue ensuite dans l'église en face de la chaire de vérité.

Le coup fut fatal ; et, au lieu de porter contre Schoutheer et Vanhan, le blâme rejaillit sur les fabriciens. Ils reçurent d'amers reproches, et les citoyens de toutes les classes furent singulièrement impressionnés de cet évènement.

On ferma les portes du sanctuaire ; mais, par une habitude difficile à détruire, les bonnes gens de la classe des marins vinrent remplir leurs devoirs de religion en dehors du temple de Marie.

XV.

Schoutheer et Vanhan formulèrent leurs plaintes et demandèrent justice au ministre de l'intérieur, au préfet du Nord, au sous-préfet, au maire. Enfin le 5 août 1816, ils signèrent un mémoire avec l'honorable Deman, leur conseil, et le transmirent au sous-préfet, comme dernier moyen de défense (1). Ce document parvint au ministre qui s'empressa de réunir chez lui le chevalier Amyot, commissaire en chef de la marine au port de Dunkerque, et un digne ecclésiastique, Servois, vicaire-général de l'évêque de Cambrai, à l'effet d'aviser aux moyens de terminer les contestations et d'accorder les parties intéressées. L'issue de cette conférence répondit au désir du ministre; toutes les difficultés furent levées en admettant le principe d'une administration séparée pour la Petite Chapelle des Dunes.... (2).

---

(1) Copie du mémoire, archives de la Petite Chapelle.
(2) Copie de la lettre du ministre, du 6 septembre, archives précitées.

Le 3 septembre, Monseigneur Louis de Belmas, se trouvant en cours de visite à Valenciennes, signa l'ordonnance suivante (1) : « Art. 1ᵉʳ. L'interdiction portée contre la chapelle de Notre Dame des Dunes à Dunkerque, est levée. — Art. 2. Le culte sera exercé dans la chapelle selon les dispositions prescrites par les articles 1, 2, 3, 4 et 5 de notre règlement du 9 avril dernier, etc. » Le même jour, de Belmas écrivait au curé Depoix la lettre amicale que voici : « Le désir que vous m'avez manifesté, mon cher doyen, de voir la Chapelle des Dunes rendue au culte pour la fête de la sainte Vierge, joint à l'assurance reçue que les voies conciliatrices sont agréées, m'a déterminé à vous envoyer l'ordonnance ci-jointe, etc. Salut et affection. Signé : † L. év. de Cambrai. »

Cette missive prouva que, dans le conflit qui venait de s'éteindre, le vénérable curé n'avait jamais donné son concours qu'à regret. Le digne prêtre comprenait parfaitement que l'Église doit vivre en paix, pour l'exemple et le bonheur du monde, et que toutes les questions d'intérêt qui ne sont pas fondées en droit, ne doivent jamais être soulevées.

Le jour même de la réception de la lettre de l'évêque, le doyen s'empressa d'informer de l'heureux évènement Schoutheer et Vanhan. En quelques heures

---

(1) Copie de l'ordonnance, archives précitées.

la nouvelle s'en propagea par la ville et l'on n'entendit bientôt plus qu'un seul cri de louanges à l'Éternel. C'était le 4 septembre. Le lendemain, à l'aube du jour, les portes du sanctuaire de la Mère du Christ étaient ouvertes aux fidèles, et le 8, jour de l'ouverture de l'Octave, une foule immense accourut au temple saint pour rendre à la Vierge des actions de grâce de ce qui venait d'arriver de si satisfaisant pour la religion.

Tous les jours de la neuvaine on chanta en musique la grand'messe et le salut (1) comme cela se pratiquait au dernier siècle. L'affluence de peuple ne cessa d'être considérable un seul jour, et dès cette première année, de nombreux étrangers vinrent accomplir leur dévotion au pèlerinage de Notre Dame des Dunes à Dunkerque. Rien n'était plus intéressant à voir que ce spectacle de recueillement de tant de personnes de tout âge, de tout sexe, de tout rang, s'en allant, après la récitation de leurs prières, vers le port ou vers l'intérieur de la ville, le cœur satisfait et l'air riant.

Les abords de la Petite Chapelle ne respiraient que le bonheur et la gaîté. On voyait flotter des drapeaux et des banderoles aux couleurs les plus variées; des ornements étaient appendus de toutes parts aux maisons, et les marchandises étalées dans les échoppes, attiraient les regards ou les pas des passants.

---

(1) Compte de 1816, registre petit in-folio aux archives de la Petite Chapelle.

XVI.

On attendait de jour en jour un nouveau règlement pour l'administration de la Petite Chapelle. La charge en avait été laissée à l'évêque seul, et, cette fois, la rédaction devait en être faite sans réticence, avec équité et dans les termes formellement convenus à Paris en présence du ministre de l'intérieur. Monseigneur signa ce règlement dans son palais épiscopal de Cambrai, le 4 octobre 1816 (1). Nous en transcrivons ici les sept premiers articles :

« Art 1er. La chapelle de Notre Dame des Dunes, se trouvant dans la circonscription de la paroisse Saint-Éloi à Dunkerque, est, en vertu de toutes les lois ecclésiastiques et civiles, sous la juridiction du curé pour le spirituel et sous notre autorité ainsi que sous la surveillance de la fabrique de Saint-Éloi, pour le temporel, de la manière qu'il va être dit.

---

(1) Archives de la mairie de Dunkerque.

» 2. La fête principale de la Chapelle est fixée au 8 septembre, jour de la nativité de la sainte Vierge, auquel jour il y sera célébré une messe solennelle. Pendant toute l'octave, il y sera aussi, tous les jours, célébré une messe et un salut vers le soir, auquel on pourra y conserver le Très Saint-Sacrement, seulement pendant ladite octave.

» 3. Le curé de St-Éloi commettra tous les samedis de l'année, ainsi qu'aux fêtes de la sainte Vierge, un prêtre de son église, autant que les besoins de la paroisse le permettront, pour aller célébrer la messe dans la chapelle. Aucun autre office ou service religieux ne pourra y avoir lieu ; aucun autre prêtre ne pourra y être admis sans l'assentiment du curé.

» 4. Lorsque les revenus de la chapelle le permettront, il pourra y être attaché, par nous, un prêtre habitué pour y dire la messe tous les jours ; lequel prêtre sera pour cette partie du ministère regardé comme vicaire de la paroisse Saint-Éloi.

» 5. Dans tous les cas, le curé assignera dans la chapelle, comme dans sa propre église, les heures des offices et les fonctions à remplir par les ecclésiastiques qu'il y admettra.

» 6. Les revenus de la chapelle seront distincts de ceux de la paroisse et administrés par une direction composée de cinq membres dont, pour la première fois seulement, deux seront nommés par M. le préfet et trois par nous.

» 7. Cette direction sera composée d'un président, d'un secrétaire, d'un trésorier et de deux conseillers.

» Indépendamment de ces cinq membres, le curé et le maire, en leurs qualités de membres nés de la fabrique de Saint-Éloi, feront partie de cette direction et jouiront, dans les séances, des droits et prérogatives qui leur sont attribués par le décret du 30 décembre 1809, dans les assemblées de fabrique. »

Le 19 du même mois, parut un arrêté préfectoral nommant Schoutheer et Vanhan, membres de la direction administrative de l'église des Dunes (1).

Le 21, par une ordonnance de l'Évêque, Etienne Noedts, doyen des pêcheurs; Pierre Noedts, capitaine de navire; Sérin Vankempen, propriétaire, étaient nommés membres de la fabrique de la chapelle de Notre Dame des Dunes (2).

Degravier, maire de la ville, en transmettant le 22 à Schoutheer et Vanhan, copie de l'arrêté du préfet, les priait de recevoir ses félicitations sur leur nomination; laquelle était, disait-il, une récompense bien

---

(1) Archives de la Petite Chapelle.
(2)   Id.

flatteuse des efforts et des sacrifices qu'ils avaient faits pour le rétablissement de ce monument pieux (1).

Le 29, les cinq membres de la fabrique de la Petite Chapelle, le maire et le grand-doyen curé, se réunirent au presbytère de Saint-Éloi, et élurent, au scrutin secret, Vankempen, président ; Etienne Noedts, secrétaire, et Schoutheer, trésorier (2) ; et pour clore régulièrement toutes les opérations, les membres de la direction de Notre Dame des Dunes, procédèrent le 4 novembre suivant, en présence du grand-doyen, à l'inventaire du mobilier de la chapelle dont l'administration leur était confiée (3).

A partir de cette époque tout se passa à la Petite Chapelle avec calme et dans un ordre parfait, et chacun put s'y livrer tous les jours de l'année aux actes de dévotion inspirés par son cœur. Le but des directeurs était atteint, et le vœu des fidèles était accompli.

Notre Dame des Dunes devint en grande vénération et son nom se répandit au loin avec une incroyable célérité. Aussi vit-on sans étonnement accourir à Dunkerque un immense concours d'étrangers de France et de Belgique pendant l'octave de l'année 1847.

---

(1) Archives de la Petite-Chapelle.
(2)   id.
(3)   id.

A ce sujet on rapporte le fait suivant qui prouve combien la foi était vive et ardente à cette époque. Un grand jeune homme, venant de bien loin, était parti de son village avant le lever du jour, à jeun, nu-pieds et nu-tête, pour se rendre à Notre Dame des Dunes à Dunkerque. Vers onze heures du matin il traversait la place Louis XVIII (1). Il avait l'air pâle et défait, le corps abattu, les pieds meurtris. Le monde le regardait et les enfants le suivaient. Tout-à-coup on le vit s'arrêter, chanceler, puis tomber. On vint à son secours, des voisins l'accueillirent et le firent revenir à la vie en lui faisant respirer des sels. On lui offrit de la nourriture, mais il la refusa constamment. On le fit causer. Il raconta alors qu'excédé de fatigue, brûlé par l'ardeur du soleil, rongé par la faim, il avait, en moins de rien, senti le vertige et était tombé sans connaissance. On lui reprocha plusieurs fois d'avoir fait une si forte privation et une si grande imprudence. Mais à chaque observation le jeune homme répondait toujours avec douceur, qu'il « avait fait cela pour être plus agréable à Dieu. » C'était une idée fixe chez lui, et dès qu'il se sentit mieux, il se dirigea tranquillement nu-pieds et nu-tête, comme auparavant, vers la Petite Chapelle pour accomplir son vœu dans de ferventes prières (2).

---

(1) Aujourd'hui place Napoléon.
(2) J'ai été témoin de l'épisode que je viens de raconter.

XVII.

Le sanctuaire de Notre Dame des Dunes, tel qu'il existait au mois de septembre 1818, avait coûté de construction et d'ameublement, y compris les cloches et l'orgue, une somme de 17,427 francs 61 centimes. Sur cette somme il fut payé à l'entrepreneur Weus 13,895 francs, à l'architecte Grawez 813 francs, et le surplus avait servi à l'achat du mobilier. Pour faire face au paiement de la somme principale, les directeurs avaient eu 6,078 francs en produits de souscriptions; 8,500 francs en trois emprunts qu'ils avaient contractés personnellement à intérêt; le reste avait été comblé par la recette des bénéfices faits à la chapelle et consistant dans le produit de la vente des petites chandelles, de chapelets et d'imprimés de prières, des quêtes, des troncs et de la location des chaises (1).

---

(1) Registre in-folio, compte de 1816, et registre petit in-folio, livre de dépenses, commencé en 1815, déposés aux archives de la Petite Chapelle.

Les emprunts furent ensuite successivement éteints ; et, en moins de onze années, c'est-à-dire au mois d'août 1829, le dernier créancier recevait les 4,000 francs que Notre Dame des Dunes restait encore devoir. Schoutheer avait combiné cette dernière opération, en avançant, de ses propres deniers, une somme de 967 francs 59 centimes, dont il fut entièrement remboursé en l'année 1833 (1).

Entre temps, il s'était passé diverses circonstances qu'il convient de noter :

Le 7 août 1820, le vénérable Depoix, grand-doyen de l'arrondissement, était mort à son presbytère à l'âge de 58 ans ; il avait emporté les regrets des directeurs de la Petite Chapelle, pour lesquels il avait toujours eu les meilleures intentions et les procédés les plus délicats.

Louis-Augustin Deman, le premier souscripteur à l'érection du pieux monument, l'ami et le conseil désintéressé des fondateurs, avait généreusement fait élever à ses frais, dans le cours de l'été, une flèche au-dessus de la tourelle primitive; ce qui en rendit la forme plus gracieuse, en même temps qu'elle se trouva plus en harmonie avec le plan de l'édifice. « La

---

(1) Livre des dépenses, commencé en 1815, cité plus haut, et les comptes particuliers des années suivantes, déposés aux archives de la Petite Chapelle.

flèche de la Petite Chapelle (dit l'inscription mise au bas d'un tableau à la main appendu dans le sanctuaire) a été dédiée en septembre 1820, par M. Deman, ancien magistrat, et exécutée par Antoine-Henry Fransois, fils aîné, charpentier. » Fransois était celui qui avait entrepris en sous-ordre les travaux de charpente en 1815.

Vanhan était mort rentier à Dunkerque, sa ville natale, le 26 novembre de la même année 1820, généralement regretté des honnêtes gens. Il en était d'autant plus digne qu'il avait toujours supporté, sans se plaindre, certains petits chagrins qui le conduisirent peut-être prématurément au tombeau, puisqu'il mourut à l'âge de 63 ans. Ils avaient dû faire tant de ravages sur sa personne que, dans les deux dernières années de sa vie, il offrait l'image d'un vieillard de 80 ans.

Pierre Noedts était mort à Islande, capitaine de pêche, le 18 août 1821, à l'âge de 66 ans. Déjà souffrant à son départ, sa famille lui avait donné le conseil de ne pas entreprendre ce voyage, car elle avait le pressentiment qu'elle ne le reverrait plus.

Au mois de septembre suivant, l'honorable Deman faisait don à la chapelle de deux couronnes en diamant de la valeur de 4,000 francs, dont une pour la Vierge et l'autre pour l'enfant Jésus, ainsi que d'un devant d'autel dont le milieu, en argent massif, a 45 centimètres de diamètre et porte le nom du donateur et celui du fabricant.

Vankempen avait succombé à une longue maladie de poitrine, à Dunkerque, le 20 octobre 1823, à l'âge de 42 ans. Il était alors veuf de Mme Julie Delbaere.

Accablé d'années (82 ans), Deman s'éteignit le 24 février 1828. Il était veuf sans enfant de Mme Anne Vernimmen. Il fut universellement regretté des administrateurs de la Petite Chapelle, et des pauvres de Dunkerque, dont il avait été le bienfaiteur. C'était un homme doux et affectueux ; aussi laissait-il après lui de bons et durables souvenirs.

Après la mort de son mari et la liquidation de ses affaires, la veuve Vanhan avait quitté Dunkerque. Elle était allée habiter Bruges, où l'avait attirée l'affection d'une nièce qui y était religieuse. Quelques années s'écoulèrent ainsi pour elle pleines du calme et du repos qui lui étaient devenus nécessaires. Cependant elle sentit le besoin de revenir à Dunkerque, sa ville natale, et elle y resta. Comme autrefois, on la vit souvent faire ses dévotions à la Petite Chapelle qui avait été pendant si longtemps l'objet de sa sollicitude. Il vint un jour où ses infirmités ne lui permirent plus de sortir ; et, se résignant à la volonté de Dieu, elle s'éteignit tranquillement le 25 décembre 1831, à l'âge de 74 ans. Elle ne laissa pour héritiers que des nièces et des neveux, parmi lesquels nous retrouvons M. Amand Dasenbergh, notre concitoyen, connu par de charmantes poésies et par des notices historiques dont le mérite est bien apprécié.

Ainsi s'en étaient allées de ce monde, la plupart des personnes dont les noms se rattachaient à la fondation de Notre Dame des Dunes !

La mort attendait une autre proie : Grawez, l'architecte de la Petite Chapelle, que son application au travail avait beaucoup fatigué, dut chercher un climat plus doux afin de se refaire la santé. Vain espoir ! après avoir voyagé quelque temps, il se rendit à Paris pour consulter les meilleurs médecins. La science resta impuissante, et Grawez, après une longue maladie, succomba dans la capitale le 27 juillet 1836, en célibat, à l'âge de 49 ans passés. Son nom n'est pas éteint à Dunkerque, où l'on citera toujours les demoiselles Grawez, ses sœurs, comme les modèles les plus parfaits de la piété et de la bienfaisance.

XVIII

En 1837, l'état des finances de la Petite Chapelle, qui cependant ne possédait ni biens ni revenus particuliers, permit qu'on s'occupât de l'embellissement du sanctuaire. On établit au mois d'avril une décoration extérieure à la porte du monument, sur les dessins de M. Napoléon Develle, architecte de la ville, et l'on posa au-dessous de la corniche cette inscription aussi sainte qu'ingénieuse : « Ave Maris Stella » Je vous salue Étoile de la mer, que proposa un honorable citoyen, M. Jean-Joseph Carlier (1), en remplacement de celle de « Sanctæ Mariæ » qu'on avait adoptée depuis longtemps, mais qui ne fut jamais posée. On laissa le fronton nu comme auparavant sans y reproduire les ornements figurés sur une ancienne gravure (2). Le travail de décoration fut exécuté par

---

(1) Demeurant aujourd'hui à Paris.
(2) Représentant la façade de la Petite Chapelle, gravée par B. Schoutheer, et jointe à une brochure publiée en 1815 sous le titre : Récit historique de la reconstruction, etc.

M. Louis Cornemuse, marbrier à Dunkerque, et coûta 964 francs 34 centimes (1).

Nous avons dit que l'inscription de l'oratoire « Je vous salue Étoile de la mer », était aussi sainte qu'ingénieuse, cela est vrai. Elle est l'expression de la pensée des navigateurs lorsqu'au milieu d'un péril imminent sur nos côtes ou dans la mer du Nord, ils adressent leurs ardentes prières à la sainte Vierge qui ne cesse de tourner vers eux ses regards protecteurs. Il serait facile de citer mille exemples de cette dévotion ; nous nous arrêtons à celui-ci :

Au mois d'avril 1839, le dogre la Bonne-Mère, capitaine Jean Naessen, de Dunkerque, était à la pêche de la morue sur les côtes d'Islande. Le 9, une tempête s'élève, et, dans un horrible coup de vent, le navire est démâté et perd son gouvernail. Deux hommes tombent à la mer et se noient. Pendant onze jours les dix hommes restants de l'équipage se tiennent sur le pont, et vingt fois le jour, dans des moments de calme, se jettent à genoux et implorent le secours de Notre Dame des Dunes de Dunkerque. Enfin le douzième jour, le bâteau de pêche l'Hippolyte, capitaine Jacquemin, de Zuydcoote, paraît et sauve d'une mort certaine les hommes de la Bonne-Mère, exténués de

---

(1) Compte particulier de 1837, et autres documents y relatifs, déposés aux archives de la Petite Chapelle.

fatigue et mourant de froid. L'Hippolyte revient en France, et au moment où il est près d'aborder au port de Dunkerque, un coup de vent le chasse et le force à relâcher à Boulogne. C'était à la fin de mai. Le lendemain, l'équipage de la Bonne-Mère se met en voitures et vers midi arrive à la barrière du Pont-Rouge à Dunkerque ; neuf hommes mettent pied à terre, ôtent bas et souliers, et se rendent par les Quatre-Ecluses et les deux esplanades à la Petite Chapelle, sans proférer une parole et sans lever les yeux, selon le vœu qu'ils en ont fait. En moins de dix minutes l'oratoire est rempli des parents et des amis des naufragés, dont ils ont appris l'arrivée par un homme malade de l'équipage, que la voiture avait dû transporter à domicile. Ces pieux marins restent une heure en prières aux pieds de la Vierge. Alors commencent les cris et les sanglots des femmes et des enfants, pleurant ceux qu'ils ne verront plus, et déplorant les souffrances de ceux qui leur restent. Mais les naufragés demeurent impassibles : ils sont encore sous l'impression de la miraculeuse délivrance dont la Vierge a daigné les rendre l'objet (1).

---

(1) Communication verbale du capitaine Jean Naessen.

XIX.

La chapelle de Notre Dame des Dunes ne possédait pour sacristie en 1841, que l'espace réservé derrière le rond-point formant le sanctuaire. Cet espace incommode, à cause de sa figure irrégulière et de son peu de surface, était tout-à-fait insuffisant. Depuis plusieurs années, les administrateurs de la chapelle avaient songé à faire construire un local spécial pour la sacristie ainsi qu'un lieu de dépôt pour les ornements et les objets servant aux cérémonies religieuses. L'exécution en avait été retardée par un projet d'agrandissement du port, qui menaçait l'existence de la chapelle elle-même (1). Ce projet ayant été abandonné en 1840, l'année suivante, les directeurs se pourvurent des autorisations nécessaires, et firent construire, d'après les dessins de M. l'architecte Develle, par M. Hippolyte Dambrain, maître charpen-

---

(1) Devis estimatif signé Develle, déposé aux archives de la Petite Chapelle.

tier ; M. Nicolas Weus, maître maçon, fils de l'ancien entrepreneur de la Petite Chapelle, et autres, les deux aîles en addition au temple de Notre Dame des Dunes. Ces travaux-là coûtèrent aux administrateurs une somme de 3,200 francs (1).

En 1846, ils eurent la pensée de faire ouvrir des vitraux dans les murs latéraux, aspect sud, des petits bâtiments contigus au chevet de la chapelle (2) ; mais ce travail, dont les fonds étaient votés, resta à l'état de projet.

En 1848, année de fatale mémoire, ils eurent à effectuer une autre dépense : ils firent doubler en tôle, d'après le conseil de M. Jean Mollet, maire de la ville, les trois portes de la chapelle, par suite de plusieurs tentatives d'effractions criminelles (3).

Enfin, dans le cours de l'année 1852, l'administration fit poser un trottoir en grès autour du monument et des tuyaux de descente des toits ; ce qui coûta, avec les réparations indispensables, une somme de 1,122 francs.

---

(1) Comptes d'administration et dessins, déposés aux mêmes archives.
(2) Voir les dessins et les projets de devis, déposés aux dites archives.
(3) Compte particulier de 1848, se trouvant au même dépôt.

Les produits de la chapelle ont toujours suffi à ses charges. Les administrateurs ont pu, jusqu'à présent, sans allocation étrangère, faire face aux dépenses de première nécessité, parmi lesquelles on voit figurer, dans les nombreux comptes, le salaire du gardien du monument et les frais de la neuvaine. Nous signalons ici ces frais, parce qu'ils nous permettront de faire voir, par quelques chiffres, combien augmentent les prix de toutes choses depuis un siècle.

En 1721 on payait 26 francs, et, en 1733, 33 fr. 75 centimes pour les grandes messes et les saluts, chantés à la chapelle pendant l'octave de la Vierge (1). — En 1816, 63 francs. — En 1830, 88 francs 50 centimes. — Et en 1850, 103 francs 45 centimes (2).

On payait au clerc ou coutre de Notre Dame des Dunes, un traitement annuel, de 1816 à 1819, de 360 francs. — De 1820 à 1828, de 420 francs. — En 1829, de 560 francs. — De 1830 à 1840, de 500 francs. — Et depuis 1841, on lui alloue 600 francs (3).

A l'époque des travaux exécutés à la Petite Cha-

---

(1) Registre couverture de parchemin commençant en 1721, archives de la Petite Chapelle.

(2) Registre des dépenses commençant en 1815, à dos de parchemin, et les comptes particuliers, archives de la Petite Chapelle.

(3) Id.   id.

pelle en 1841, Fransois, le charpentier de l'administration depuis la fondation, était mort à Dunkerque, le 4 novembre 1839, âgé seulement de 51 ans, en laissant le souvenir d'un bon père et la réputation d'un honnête homme.

Le 27 février 1842, Dunkerque perdait un de ses anciens édiles. Gaspard, qui avait prêté tout son concours au succès de l'édification de Notre Dame des Dunes, et qui, comme adjoint à la mairie, avait posé ensuite l'une des pierres fondamentales; Gaspard, qui, depuis, avait successivement rempli les fonctions de maire et de sous-préfet à Dunkerque; Gaspard emportait dans la tombe à l'âge de 74 ans, les regrets universels de ses concitoyens auxquels il n'avait jamais refusé le moindre service.

Il ne restait plus que deux administrateurs de la première direction constituée. L'un d'eux était Schoutheer, et l'autre Etienne Noedts qui mourut à Dunkerque le 2 juin 1842, à l'âge de 82 ans, capitaine des pilotes en retraite. Il comptait plus de vingt-sept années de service à la Petite Chapelle où il était encore en exercice au temps de sa mort. Dans l'année, on eut encore à enregistrer une autre perte: celle de la veuve François Credoz née Marie-Marguerite Brillard, l'ancienne dépositaire de la statuette de la Vierge. Cette dame mourut en cette ville à l'âge de 78 ans, le 7 septembre, jour de l'ouverture de la neuvaine de la chapelle. Le second administrateur dont il nous reste à parler, est Balthazar-Robert Schoutheer, l'un des deux fondateurs de Notre Dame des Dunes. Il se retira des affaires en 1819 et vécut tranquillement en rentier, recevant les soins les plus affectueux d'une famille bien unie. On lui proposa souvent de se démettre de ses fonctions d'administrateur de la Petite Chapelle; mais il n'y consentit jamais. Il fut près de trente-six ans le trésorier de la direction. Cet homme respectable et aimé de tous, mourut le 6 janvier 1852, dans la 99me année de sa vie, à Dunkerque, où il était né. Les comptes de sa gestion de l'année furent rendus par son fils M. Balthazar-Charles Schoutheer (1), et ses fonctions furent immédiatement attribuées à M. Jean Soetenaey, qui s'en est montré bien digne par son zèle et l'activité de son âge.

Il ne reste plus debout aujourd'hui de tous ceux dont les noms se rattachent à la fondation, que M. Weus, entrepreneur de la construction du monument, et M. Desmit qui posa l'une des pierres fondamentales de l'édifice. Ils habitent tous les deux Dunkerque.

---

(1) Graveur à Dunkerque et conservateur des médailles du Musée communal.

XX

Telle que nous la voyons aujourd'hui, la chapelle de Notre Dame des Dunes peut contenir cent soixante personnes en deçà du banc de communion. A cause de son exiguité, la foule se tient en partie au-dehors durant le service divin qu'on y célèbre pendant l'octave ou à la fin de mars avant le départ de la flottille pour la pêche d'Islande. Il en est encore ainsi à la fête de l'Assomption de la Vierge (15 août), au moment où le clergé des deux paroisses vient y chanter processionnellement l'antienne à la Sainte-Vierge : « Salve, Regina. » L'oratoire est meublé de bancs et de chaises ; il est revêtu d'un lambris en bois peint couleur de chêne à deux mètres de hauteur ; son pavement est en carreaux de pierres de Landrethun, et le plafond est de forme elliptique. La couverture des diverses parties du monument est en ardoises grises ; couverture qui est préférable à celle du zinc, parce qu'elle laisse moins de prise au vent.

L'architecture de l'oratoire ne saurait être qualifiée.

Une porte à deux battants qu'encadrent deux colonnes et une corniche en pierres de taille, y donne entrée.

La largeur du monument hors d'œuvre est de 7 mètres 80 centimètres et sa longueur est de 15 mètres 60 centimètres. De l'extrémité orientale à l'extrémité occidentale des deux bâtiments contigus au chevet de la chapelle, il existe une distance de 17 mètres. La façade a une élévation de 10 mètres et demi, et le clocher mesure plus de 6 mètres à partir du sommet du fronton, jusqu'à la hauteur du coq qui surmonte la croix. La tourelle renferme ses deux cloches bénites en 1816. L'une d'elles, la plus petite, porte le millésime de 1794 et le nom du fondeur, et l'autre représente l'image du Christ sur la croix. On remarque dans le clocher le nom du donateur et celui de l'entrepreneur que nous avons déjà signalés ; et de cette hauteur, où nous nous sommes élevé, la vue s'étend sur la mer et la plage de l'est. Ce qui fournit encore l'occasion à nos pieux marins, se dirigeant vers le nord, d'adresser à Marie, cette bienveillante étoile de la mer, une dernière invocation et une fervente prière. Six vitraux éclairent l'église, et trois autres, dont deux en demi-cercle, les constructions du fond. L'orgue reçoit la lumière, en façade, par un vitrail en forme de rosace. Tout le vitrage est en petits carreaux de verre blanc enchâssés dans du plomb et soutenus par des barreaux et des traverses en fer. Les châssis à vitres sont dormants et munis de venteaux mouvants.

« La décoration intérieure de cet oratoire rappelle les églises chrétiennes d'Arménie et de Géorgie, et nous reporte au berceau du christianisme. Les murailles n'en sont plus visibles, chargées qu'elles sont des mille objets que la dévotion y a apportés : nombre de tableaux représentant des navires en grand danger et sauvés miraculeusement; des femmes malades ou infirmes, qui ont été guéries ; des apparitions suivies d'effets moins prodigieux ; des objets en cire rappelant la forme des membres plus ou moins difformes, monstrueux même, qui ont été redressés ; il faudrait un livre entier pour détailler ces innombrables décorations, dans lesquelles il ne faut chercher ni l'art, ni le talent; mais, ce qui est bien préférable, la foi, et une foi sincère. Du plafond descendent encore de nombreuses cordes, aux extrémités inférieures desquelles sont appendus divers travaux d'industrie offerts à la chapelle : des navires artistement et consciencieusement travaillés, des attributs de toute sortes, en bois, en métal, en verre, etc. (1) »

Aux jours de fêtes, la chapelle est ornée de toutes ses richesses : l'enfant Jésus porte sa couronne en diamants, la Vierge est parée de la sienne ainsi que d'un collier avec croix, aussi en diamants ; lequel, dit-on, est dû à la générosité d'une dame de Dunker-

---

(1) Une Année à Dunkerque, par L.-Victor Letellier. 1850. Dunkerque, p. 192.

que, feue Isabelle Maleise, veuve Lointhier ; les autels resplendissent de milliers de vœux ou « ex veto » en or et en argent que l'on sort du trésor de l'oratoire en ces occasions solennelles.

Depuis la mort de l'honorable Schoutheer, le conseil de fabrique est composé de MM. Charles Depondt, rentier, président ; Jean Soetenaey, armateur, trésorier ; Numa Plaideau, courtier maritime ; Louis Dewulf, négociant, et Auguste Soetenaey, capitaine au long-cours, administrateurs.

Déjà à cette époque les habitants du quartier qui connaissaient les ressources de la chapelle, manifestaient le désir que l'oratoire fût pourvu d'un aumônier pour y dire la messe tous les jours selon la pensée de feu Monseigneur Louis de Belmas qui, par l'article 4 de son règlement du 4 octobre 1816, avait dit que, lorsque les revenus de la chapelle le permettraient, il pourrait y être attaché un prêtre habitué.

XXI

Nous avons retracé le passé de la Petite Chapelle ; il convient maintenant de dire deux mots sur son avenir.

Plusieurs personnes ont eu l'espérance de voir ériger en paroisse la chapelle de Notre Dame des Dunes. Cette érection nécessiterait de grandes dépenses afin d'effectuer les augmentations nécessaires à la nouvelle destination du monument ; dépenses auxquelles quelques-uns de nos honorables concitoyens ne croient pas qu'il soit trop difficile de faire face, en invoquant la charité publique.

Quoique la Petite Chapelle soit une propriété communale, il n'en est pas moins vrai qu'elle n'a jamais occasionné la moindre dépense à la caisse municipale. Cela doit nous convaincre d'une chose, c'est que, si ses directeurs de toutes les éqoques ont pu créer ses moyens d'existence sans avoir recours au budget de la ville, ceux de nos jours ne sont pas moins habiles à suivre les bonnes traditions de leurs prédécesseurs. Doit-on douter que la bienfaisance des habitants de la cité n'éclate encore comme dans les temps qui nous ont précédés ? Une dame aussi pieuse que charitable s'est déjà inscrite comme donatrice : Madame Euphrosine Cousin, épouse de M. Pierre-Antoine-Albert-Désiré Cavrois, négociant, rue des Arbres, morte à Dunkerque, le 31 octobre 1850, a, par une disposition testamentaire, légué « à la fabrique de la Petite Chapelle de Notre Dame des Dunes », une somme de 500 francs qui serait payable le jour où le pieux monument serait érigé en paroisse. Dieu a sans doute entendu sa voix et il exaucera peut-être un jour sa prière.

C'est un noble vœu que celui-là. L'érection de la Petite Chapelle en paroisse, serait un grand bien pour la religion. Nous voudrions le prouver, mais il n'est pas permis dans un écrit de cette nature, d'en déduire les raisons. Si cela n'est pas possible, que la chapelle soit du moins érigée en succursale. C'est à cette occasion qu'un vœu a été formulé : celui d'obtenir un aumônier qui puisse y célébrer la messe tous les jours à heure fixe, et qui, de plus, aille y chanter le salut et y faire des instructions religieuses les dimanches et les jours fériés.

Qu'il en soit ainsi ou qu'on érige la chapelle en

paroisse, voici les considérations qui militent en faveur de l'un et de l'autre cas.

La population des environs de la Petite Chapelle s'est considérablement accrue depuis vingt-cinq ans. Les limites de la ville et de la paroisse de Saint-Eloi, se trouvent reportées maintenant à plus d'un kilomètre au nord de l'église paroissiale. Dès lors il arrive que, la majeure partie du temps, les habitants du point le plus éloigné, là où existent les maisons qui avoisinent les bains de mer, — les habitants même en deçà qui occupent cette longue ligne du côté oriental du port, — tout le peuple des rues qui aboutissent à la Petite Chapelle, — se dispensent les dimanches et les jours de fête d'assister aux offices de l'église-mère, les uns par considération d'éloignement, les autres parce qu'ils ne savent pas l'heure et n'entendent point la cloche de la messe ou du salut; d'autres encore par la raison qu'ils ne peuvent s'absenter longtemps de leurs maisons, à cause du grand nombre de leurs petits enfants et à défaut de domestiques pour les soigner. Cette situation est déplorable et les résultats peuvent en devenir funestes. La question mérite examen, et il est à désirer qu'on y mette bientôt un terme (1).

Hors les occasions extraordinaires, on ne célèbre

---

(1) Ces quelques lignes ne sont que la reproduction de notes écrites par moi il y a peu de mois.

de messes à la Petite Chapelle que le samedi. Ce sont des messes d'intention qu'on dit sans heures déterminées, à la prière des marins ou de leurs familles, de la ville ou du dehors; mais cela ne suffit pas aux personnes pieuses des rues voisines de l'oratoire, ainsi qu'à toute cette nombreuse population d'ouvriers du quartier, quelque peu ignorante de ses devoirs en matière de religion.

Là où jadis la foi était la plus ardente, elle a pour ainsi dire disparu de nos jours; la piété a fait place à une invincible tiédeur. Le mal est grand et le péril d'autant plus imminent qu'il y a là un germe affreux de dissolution. Ranimons la foi de tous, c'est notre devoir, car sans religion, il n'est pas de société possible sur la terre. St-Paul n'écrivait-il pas aux Corinthiens ? (1) « Veillez, demeurez fermes dans la foi, agissez courageusement, fortifiez-vous. » Saint-Pierre ne disait-il pas aux pasteurs ? (2) « Paissez le troupeau de Dieu qui vous est commis, veillant sur lui par affection, non comme ayant la domination sur les héritages du Seigneur, mais en vous rendant les modèles du troupeau ; et vous remporterez la couronne incorruptible de gloire. »

---

(1) Chapitre XVI, verset 13.
(2) Chapitre V, versets 2, 3 et 4.

XXII.

Voici ce que disait il y a bien des années un enfant de Dunkerque (1) que la mort nous a enlevé bien prématurément : « Ce sont des autels bien vénérables que ceux où le nautonnier qui part, va demander une heureuse navigation, où le nautonnier qui revient, va rendre grâces de son retour. Telle est la chapelle de Notre Dame des Dunes ; telle fut aussi sans doute l'église (2) bâtie par Saint-Éloi, à laquelle Dunkerque doit son nom et son existence. Là, s'agenouillaient aux pieds du même sanctuaire, l'espoir qui implorait les bienfaits de l'Être Suprême, et la reconnaissance qui les chantait. C'est là, qu'on distinguait dans un coin obscur, la jeune fille hâtant de ses vœux le retour de celui que n'osait nommer sa bouche et qu'avouait son cœur. C'est là que les deux époux, vieillards,

---

(1) Constant Pieters, mort en juin 1853.
(2) Ce ne fut pas une église, mais une simple chapelle qu'on y éleva du temps de saint Éloi.

confiaient à la Vierge, mère des infortunés, leurs sollicitudes sur le sort d'un fils; ils avaient prié, ils s'en allaient, et leurs larmes n'étaient plus que des larmes de joie; le baume de l'espérance avait ranimé leurs cœurs flétris par l'inquiétude; le sourire du bonheur avait remplacé sur leurs visages la tristesse de l'anxiété (1). »

Aujourd'hui les Dunkerquois ne sont pas attiédis en matière de religion. Au printemps, en été et dans l'automne, la Petite Chapelle est un but de promenade en même temps qu'on en fait un objet sérieux de dévotion. On passe par le port ou le long des remparts, on entre à l'oratoire, on s'agenouille et l'on adresse sa prière à la Vierge. Le temps s'écoule, mais on a fait une bonne et sainte action, et l'on s'en va le cœur allégé. Les femmes donnent l'exemple, elles le donneront toujours; et aussi longtemps que la religion habitera la terre, le culte à la Vierge ne périra point.

Si les temples du Christ disparaissaient un jour de ce monde, on retrouverait les plus purs vestiges de piété dans le cœur des femmes. Leur organisation semble les avoir créées pour être les sacrées dépositaires des sentiments religieux et moraux. Ne sont-ce pas elles qui nous donnent tous les jours les plus

---

(1) C. P. Article inséré dans la Feuille d'annonces de Dunkerque du 25 mars 1816, n° 205, éditée par M. Drouillard.

nobles exemples de vertus chrétiennes ? Ne sont-ce pas les femmes, parmi lesquelles nous retrouvons nos mères, qui nous inspirent les premières idées de Dieu et les principes de religion ?

Avançons vers l'oratoire de Notre Dame des Dunes. Vous le voyez, chrétiens, il est parfaitement situé. La chapelle est au centre d'une place plantée d'arbres que domine un élégant clocher, et ceinte de maisons modernes et de coquets jardins. Ne vous convie-t-elle pas à la prière ? ne vous fait-elle pas l'effet d'un charmant ermitage, où, détaché des idées et du bruit du monde, il est facile d'élever son âme à Dieu et de trouver le calme du cœur dans de douces méditations ?

C'est surtout durant l'octave de la nativité de la Vierge que les environs de la chapelle offrent un coup d'œil charmant. C'est une fête véritable, fête pleine d'attrait et de bonheur pour les uns, de religieuses intentions pour les autres. Le pèlerinage attire à Dunkerque un grand nombre de personnes de tous les rangs, de tous les âges, venant confier à la sainte madone, protectrice des matelots, consolatrice des infirmes et des malheureux, leurs vœux et leurs peines, leurs offrandes et leurs prières. La neuvaine coïncide avec le retour des navires de la pêche de la morue, qui donne tant de vie, d'animation à notre port, qui amène le long de ses immenses quais une foule de curieux, d'étrangers, se pressant, se renouvelant sans cesse. Le port et les alentours, les rues les plus passantes de la cité, présentent alors le spectacle le plus animé. Rien n'est plus intéressant que les abords de la sainte chapelle : là vous voyez des portiques, des inscriptions, des guirlandes; plus loin, des drapeaux de toutes les nations, des bannières aux couleurs variées, des arbres, de la verdure, des fleurs qui se trouvent posés, jetés là comme par enchantement. Heureuse époque pour la ville, car la ville reconnaissante, revêt, comme à un jour de fête, ses plus beaux atours. Si, pour nous Flamands, la ville et le port excitent la curiosité, on doit comprendre que ce spectacle d'une population sur pied, d'un port où règne la plus vive activité, doit être plus piquant encore pour les étrangers (1).

C'est donc avec raison que l'on recommande aux voyageurs qui visitent Dunkerque, « de ne pas oublier de donner quelques instants d'attention à la Petite Chapelle, patronne des pêcheurs. Vous la trouverez, vous dit-on, un peu avant de quitter l'avant-port, en entrant par la grille sur la gauche (2). »

---

(1) Article signé R. (Raymond de Bertrand), inséré dans le journal la Dunkerquoise, n° 4257, du 31 août 1850, édité par M. C. Drouillard.

(2) M. Vandalle. Dunkerque. Guide de l'étranger. 1855, p. 2.

ÉPILOGUE.

Maintenant que notre course à travers les champs arides de l'histoire, touche à sa fin, ne convient-il pas d'aller ensemble remercier la Providence d'avoir guidé nos pas jusqu'au terme du voyage.

Voyez : nous sommes à proximité de la grille du port qui confine d'un côté à une maison attenante à la tour le Leugenaer, et de l'autre à l'établissement métallurgique que font construire MM. Malo. Franchissons ce passage et suivons la foule qui se porte à l'est. Avançons vers la chapelle de Notre Dame des Dunes; entrons-y, admirons les milliers d'ornements qui enrichissent l'oratoire; agenouillons-nous devant l'autel latéral, en regard de la petite Vierge qui tient son fils dans les bras et dont quatre siècles et demi ont bruni, altéré la couleur. Adressons-lui notre prière : la salutation angélique, cette parole céleste que nos mères nous ont fait si souvent réciter en nous tenant sur leurs genoux.

NOTES ET ÉCLAIRCISSEMENTS.

Page 53, note 3.—ACTE DE DÉCÈS.—Pour donner une idée de la manière dont on rédigeait les actes de l'état-civil au dix-huitième siècle, nous transcrivons ici l'extrait mortuaire de Louis Chomel, de 1749 :

« L'an de grace mil sept cent quarante neuf le vingt neuviesme jour du mois de Décembre, je sousigné doyen de chrétienté et pasteur de Dunkerque apres avoir chanté le service solemnel de la cloche ditte Jesus, ay enterré dans cette église paroissiale en la chapelle du Tres Saint Sacrement le corps de feu sieur Louis Chomel, homme marié agé de quatre-vingt-trois ans, ancien premier echevin de cette ville, dirrecteur de l'hopital-general, premier dirrecteur de la chapelle de Notre-Dame-aux-Dunes, qui, par son zele l'a aggrandie et ornée, et dirrecteur de la confrerie du tres saint sacrement, decedé avant hier au quart apres cincq heures du matin dans son domicile place Royale, administre des sacremens ordinaires : ont etez temoins le sieur Charles Chomel negotiant, fils du deffunt et le sieur Jean Mathieu, negotiant, grendre du deffunt, qui ont signez avec moy au présent registre en double, jour et an que dessus.

» Chomel, J. Mathieu et B. Gramon doyen et pasteur de Dunkerque. »

Aujourd'hui qu'il n'est plus permis de faire de l'histoire dans ce genre d'écrits, ni même de sortir des limites de la plus simple rédaction posées par les articles 35 et 79 du Code Napoléon, l'acte de décès de notre concitoyen Chomel devient une curiosité. Avant 1793, ce dont on s'occupait le moins c'était ce qui aurait dû préoccuper le plus : la généalogie des familles et les règles de la grammaire française. Les sacristains chargés des écritures ne connaissaient guère l'orthographe ; tout était sacrifié au latin, et les rudiments mêmes dont on se servait dans les maisons d'éducation à Dunkerque, étaient en latin-flamand.

Page 39, note 1. — L'Arbre de Wormhout. — Tel est littéralement ce qui a été écrit à ce sujet en 1768 :

« Lan mil sept cent soixante et huit, Et le Douzième jour du mois de janvier, a neuf heures de relevée, Je Pierre-Cornille Claeissen, maître policur et natif de la ville de Dunkerque, ay acheptée sur la paroisse de Wormoet, un arbre de bois d'orme, pour mon usage. Lequel fut transporté à Dunkerque, et posée sur l'Esplenade pas esloignée de la chapelle de Notre Damme de la Fonteine, et Ledit jour douzième de Janvier, ay fait scier ledit arbre par morceau propre a L'usage de mondit mestier, ou avec surprise En fendant Le premier bout du cotté de la Racine à quatre piedt de terre, à La premièrre ouverture que le fer fit, Miraculeusement s'est trouvée, Entre le Cœur Et l'arbre, Le très-digne, Très-Haut, Et Très Saint Nom de Jesus, imprimé dans l'arbre En teinture noire avec Les trois cloux au bas, le tout aux environs d'un pied de France de Longueur, Et le même imprimée se trouve sur le cœur dudit arbre En teinture Brune, ayant par ma surprise fait appeller de vos voisins pour voir ce prodige. Lequel fut suivy du tumulte de toutte La popullace, Et En suitte Des principeaux de La ville.

» Ce quy fait, Messieurs, Que Ledit Claeissen vous prie de veulloir pour affirmation de la veritée, signer ce present procès verbal, et y faire poser Le Sceau ordinaire au causes de cette ville pour luy servir pour comme Et au cas de Besoin. Fait à Dunkerque Ce quinze Janvier mil sept cent soixante huit.

» Et Leditsusnommée saddresse a cette effet, à vous, Monsieur Thiery Pasteur et Curée de L'unicque paroisse de St Eloy de cette ditte ville, pour vous Le communiquer pour Que (comme vous appartient) vous fussiez le premier affirmateur de cette veritée, fait jour Et an que dessus. »

A la suite de cette déclaration sans signature se trouve écrite de la main du curé la mention suivante : « Nous sousigné Licencié en theologie et curé de Dunkerque, certifion avoir vu et examiné les pièces de Bois, dont il est parlé dans le proces verbal cydessus, avec l'impression du St Nom de Jésus. Dunkerque 16 janvier 1768. Signé thiery curé de Dunk^e. »

Puis vient la mention qui suit sans signature : « Nous Maire Et Echevins de la ville et territoire de Dunkerque certiffions à tous ceux qu'il appartiendra que plusieurs d'Entre nous ont vû, et qu'il est de notorieté publique, que le nommé Pierre Cornil Claeissen maître Poullieur en cette ville, aiant fait sier un morceau d'arbre, y a trouvé ainsi quil est porté au proces verbal cidessus, imprimé sur le bois entre le cœur Et l'arbre le St Nom de Jesus, en foy de quoy nous luy avons delivré ce présent certifficat à sa requisition, sur lequel nous y avons fait apposer le sceau ordinaire de cette ville et fait signer par notre Secretaire Greffier à l'assemblée du vingtieme Janvier mil sept cent soixante Huit. »

Page 39. note 2.—Réflexions sur l'Arbre de Wormhout. —Plusieurs faits de ce genre se sont encore vus, et ils ne sont même pas rares. On a constaté que, vingt ou trente ans avant l'abattage d'un arbre, il avait été déjà destiné à être dérodé, et cela fut prouvé par la marque de vente qu'il portait à vingt ou trente pores au-dessous de la circonférence.

Il est arrivé qu'on a découvert à l'intérieur de plusieurs arbres, des plaques de fer, des clous, des balles, ou d'autres objets. Ces choses ne ne trouvaient là que parce que la main de l'homme était venue les y placer dans des temps plus ou moins éloignés ; temps dont il eût été facile de constater la date par le nombre des pores formés au-dessus des objets découverts, car il faut bien qu'on le sache : chaque pore ou ligne circulaire existant autour du cœur de l'arbre, indique une année de croissance. Ce fait est invariable. Ainsi, pour ce qui regarde particulièrement l'arbre de Wormhout, il faut admettre qu'on y avait formé anciennement une surface plane pour inscrire le nom de Jésus, et qu'à la même époque, on y avait ajouté un Crucifix assujéti par trois clous qui se retrouvèrent plus tard. Le Christ avait sans doute été enlevé dans un temps d'irréligion, sans qu'on eût pensé à faire disparaître l'inscription. L'arbre, alors abandonné par les fidèles, se serait trouvé soumis sans entraves aux lois ordinaires de la végétation, et, par la suite, une écorce nouvelle serait venue cacher le nom de Jésus et les trois clous, qui attirèrent l'attention des Dunkerquois de 1768. — Observations verbales de M. Félix Perre, maître poulieur, et d'autres personnes.

Page 47, note 1. — Prière et Magnificat en flamand. — Voici le texte de ce curieux document :

« Gebedt tot de H. Maeghet Maria, tot danckbaerheydt dat sy den vyandt verdreeven heeft op haeren feest-dagh, die jaerelykx geviert wort tot Duynkercke in haere Capelle den 8 september, onder den Tytel (Maria van de Fonteyne), ende toevlught der Zeelieden, etc.

« Maria Moeder suyver' Maeght,
Die Jesus in uw harmen draeght,
Wy dancken u mét nedrigheydt,
Dat gy den Vyandt heeft verspeydt,
Just op den dagh van uwe Feest,
Heeft gy hun zinnen soo bevreest,

Dat sy hebben den vlucht g'noomen,
Uyt ons Roosendaelfche Boomen;
Naer-laetende hun Krycks gewelt,
Die tegen ons was aengestelt.
Uw Heyligh-Huys stond voor hun bloot,
Noch Kruydt, noch Koegel, nochte Loot.
Heeft konnen raecken uwe Woonst,
Verleent ons een gelycke joonst.
Die ons sal troosten uyt de pyn,
Soo lang wy uwe Dienaers zyn, Amen.

» Vervolght met den Magnificat, in vlaemsche Versen vertaelt, door den geleerden Duynkercker M. De Swaen, in zyn leven, Stadts-gesworen Heel-Meester, en tot syn doodt Prince der Gilde van Rethorica.

LOF-SANGH Magnificat,
Op de wyse, la Folie d'Espagne.

I.
Myn Ziel maeckt groot den opper-Heer der Heeren,
Myn gest springh op in Godt syn saligheydt,
Want hy geweirdight heeft syn oogh te keeren,
Tot syne minste dienst-Maeghts nedrigheydt.
  Voortaen alle de gheslachten,,
    Sullen my geluckigh achten :
  Want hy, door wie'tal leeft,,
    My dus verheerlickt heeft.

II.
Syn naem is Heyligh, syn bermhertigheden.
Van d'eene stam tot d'ander schynen uyt;
Hy heeft in syn Arm de Mogentheden,
Gepleeght van syn oneyndelyck besluyt,
  Hy verstroeyt door syne krachten,,
    Der hooveirdige gedachten,
  Verneert de machtige,,
    Verheft d'oodtmoedige.

III.

Behoeftigen, deelt hy syn schatten mede,
Den Rycken heeft hy syne jonst ontseydt,
En Israël syn Kindt ontfaen in vrede,
Indachtigh syn'er goedertierentheydt,
  Soo gelyck hy van te vooren,,
  Onse Vaders heeft geswooren :
  Aen Abram en syn saet,,
  Soo langh den Hemel staet. Finis.

AVE MARIA.

» In Duynkercke den 21 september 1793.
» Die de selve belieft, sullen hun adresseren aen F. Verbregghe, Koster der selve Cappelle. »

Les personnes qui connaissent le flamand, le français et le latin, préfèrent le Magnificat de Deswaen à celui que l'on a écrit dans les deux autres langues. Ceci nous met en mémoire un fait bien honorable pour notre concitoyen. Fontenelle, dans la vie qu'il a écrite de Pierre Corneille, son oncle, raconte que « jamais pièce de théâtre n'eut un si grand succès que le Cid... Corneille, ajoute-t-il, avoit dans son cabinet cette pièce traduite en toutes les langues de l'Europe, hors l'esclavonne et la turque ; elle étoit en allemand, en anglois, en flamand ; et, par une exactitude flamande, on l'avoit rendue vers pour vers. »

L'heureux traducteur était Deswaen, « ce chirurgien poète à qui Dunkerque peut se glorifier d'avoir donné le jour, » selon l'expression de l'un de nos honorables confrères, M. Auguste Ricour, de Bailleul, le petit-fils d'un autre grand poète flamand, né à Godewaersvelde. Il faut bien le rappeler ici : Deswaen, si peu connu des Dunkerquois d'aujourd'hui, tient une place très élevée dans la littérature flamande. Dans un discours d'apparat prononcé à l'ouverture de la séance de la dernière distribution des prix du collége communal, M. Ricour disait avec raison, en signalant Michel Deswaen : « Ce poète remarquable dont les « pensées chrétiennes » se comparent aux plus suaves méditations de Lamartine ; ce grand poète qui nous a laissé dans ses vers sur la vie et la mort du Christ, une des plus belles pages qu'ait inspirée la muse sacrée ; l'immortel Deswaen qui, malgré la domination française, a porté à son plus haut degré de perfection sa langue maternelle, la langue des Van Maerlant, des Vondel et des Cats. »

Il est regrettable que le poète flamand qui, à l'occasion de la levée du siége de Dunkerque en 1793, a associé son œuvre à celle du célèbre Deswaen, ait eu la modestie de garder l'anonyme. Son nom, s'il nous eût été connu, nous aurait mis à même d'ajouter à nos souvenirs biographiques, une note de plus aux annales de la chapelle de Notre Dame des Dunes.

Il est à regretter aussi qu'on ne retrouve plus les vers français que la Vierge de nos marins a inspirés à plus d'une muse dunkerquoise. Parmi ceux qui ont droit ici à une mention honorable, nous sommes heureux de pouvoir citer feu M. Mathieu Bernaert aîné, de Dunkerque, qui nous a laissé une foule de charmantes poésies dont une partie ont été insérées dans le Porte-feuille de la Société littéraire du Petit Couvert de Momus, imprimé à Dunkerque chez Drouillard en 1819.

Page 78, note 1.—ORDONNANCE DE L'ÉVÊQUE.

» Ludovicus Belmas, Miseratione Divinâ et Sanctæ sedis Apostolicæ gratiâ, episcopus Cameracensis, baro, necnon è Legione honoris, dilecto nobis in Christo venerabili majori Decano Magistro Depoix Sancti Eligii Dunkercæ pastori salutem et benedictionem.

» Nos pietatati fidelium Urbis Dunkercanæ consulere, nec non ipsorum votis annuere cupientes, te per præsentes committimus ut Capellam de Nova erectam sub invocatione Beatæ Mariæ Virginis ad Aggeres, Dunkercæ Sitam, ad effectum ibi sacro Sanctum Missæ sacrificium celebrandi Benedicere valeas adhibitis ritibus et cœremoniis assuetis.

» Datum Cameraci die 27ª februarii 1816. † Lud., Epũs Cameracensis de mandato Reverendissimi. D. D. Episcopi Cameracensis de Muyssart can. ac secret. »

Avant de clore notre livre, nous sommes heureux d'exprimer notre reconnaissance aux nombreux souscripteurs de Dunkerque et du dehors, qui nous ont gracieusement prêté leur concours pour l'œuvre sainte que nous avons entreprise, en publiant cette notice, dans l'intérêt de la vénérable chapelle de Notre Dame des Dunes.

Deux mots encore : Parmi les personnes qui nous ont procuré des documents pour écrire cette notice, nous devons citer particulièrement M. Jean Soetenaey, trésorier et dépositaire des archives de l'administration de la chapelle. Nous lui adressons, comme à celles dont les noms ne sont pas tracés ici, nos sincères remerciements, avec l'expression de notre reconnaissance.

www.ingramcontent.com/pod-product-compliance
Lightning Source LLC
Chambersburg PA
CBHW070514100426
42743CB00010B/1829